职业教育财经类专业新课改精品教材系列丛书

出纳岗位实务（第 6 版）
配套实训

林云刚　王薇　编著

電子工業出版社
Publishing House of Electronics Industry
北京 · BEIJING

内 容 简 介

本书是电子工业出版社出版的由林云刚、王薇编著的《出纳岗位实务》（第 6 版）一书的配套实训用书。本书主要内容包括出纳相关知识与出纳工作交接，原始凭证的填制和审核，记账凭证的填制和审核，现金收支业务的处理，银行存款收支业务的处理，日记账的登记，现金、银行存款的清查，出纳岗位业务实务操作。本书突出职业导向的教学理念，体例新颖，针对性强，适合职业院校学生使用。

本书既可作为职业院校财经类及相关专业的教学用书，也可作为在职出纳人员的培训用书。

图书在版编目（CIP）数据

出纳岗位实务（第 6 版）配套实训 / 林云刚，王薇编著. —北京：电子工业出版社，2020.7
ISBN 978-7-121-36301-6

Ⅰ. ①出… Ⅱ. ①林… ②王… Ⅲ. ①出纳－会计实务－中等专业学校－教学参考资料 Ⅳ. ① F231.7

中国版本图书馆CIP数据核字（2020）第093709号

责任编辑：徐 玲
印　　刷：三河市双峰印刷装订有限公司
装　　订：三河市双峰印刷装订有限公司
出版发行：电子工业出版社
　　　　　北京市海淀区万寿路 17 信箱　　邮编 100036
开　　本：787×1 092 1/16 印张：14.25 字数：358.4 千字
版　　次：2020 年 7 月第 1 版
印　　次：2023 年 7 月第 6 次印刷
定　　价：37.00 元

凡所购买电子工业出版社图书有缺损问题，请向购买书店调换。若书店售缺，请与本社发行部联系，联系及邮购电话：（010）88254888，88258888。

质量投诉请发邮件至 zlts@phei.com.cn，盗版侵权举报请发邮件至 dbqq@phei.com.cn。

本书咨询联系方式：xuling@phei.com.cn。

前　言

本书是根据“以能力为本位、以职业实践为主线、以项目课程为主体的模块化专业课程体系”的总体设计要求，通过对出纳岗位工作任务和职业能力的分析，围绕出纳岗位任职人员所需的实践知识和职业能力进行构思而编写的，与电子工业出版社出版的由林云刚、王薇编著的《出纳岗位实务》（第 6 版）一书配套使用。

本书具有以下特点。

（1）呈现“新”：本书根据 2019 年第十三届全国人民代表大会第二次会议和中国人民政治协商会议第十三届全国委员会第二次会议出台的新税制对教材内容进行了重新编写，力图与现行税制保持一致；相关的结算票据与实际同步。

（2）突出“用”：本书在保持实战性的基础上，注重网银结算，增加了出纳基本技能、银行开户及管理、单据移交、资金报表、外汇业务等出纳技能模块。

（3）构建“评”：本书实训项目的考核以过程考核为主，每个项目都设计了项目评价表，由教师、学生、个人进行三方评价。

本书由无锡城市职业技术学院林云刚、王薇编著，其中项目 1～5 由林云刚编著、项目 6～8 由王薇编著。为了方便教师教学，本书还配有实训答案（电子版），请有此需要的教师登录华信教育资源网（www.hxedu.com.cn）免费注册后再进行下载，有问题时请在网站留言板留言或与电子工业出版社联系（E-mail: hxedu@phei.com.cn）。

编著者

2020 年 3 月

目 录

项目 1

出纳相关知识与出纳工作交接

出纳工作直接涉及经济利益，应严格办理交接手续。出纳工作交接包括两部分内容：一是根据出纳交接书的内容进行实物的交接；二是进行出纳账簿的交接。学完这个项目，你就学会了如何进行出纳工作的交接。你是不是和我一样期待呢？让我们一起来学习吧！

实训1　编制出纳交接书

一、实训目的

接任出纳岗位或调离出纳岗位时要办理交接手续，要学会编制出纳交接书。

二、实训资料

1. 企业有关情况

（1）单位名称：梁溪凌空股份有限公司。

（2）法人代表：缪建新；财务主管：庄薇。

（3）会计：林海；出纳员：王风。

2. 相关事项

（1）2020年12月3日，出纳员王风因休产假需办理交接手续，出纳岗位由新招聘的陆霞接任，由财务主管庄薇负责监交。

（2）2020年12月3日，有关交接内容如下：

① 12月3日，库存现金账面余额为23 450.60元，保险箱中库存现金实有数为23 450.60元。

② 银行存款余额为2 286 790元，编制“银行存款余额调节表”后核对相符。

③ 移交的账本：现金日记账1本，银行存款日记账1本，转账支票、现金支票领用登记簿各1本。

④ 移交的结算凭证：空白转账支票3本（437625～437650号、437651～437675号、437676～4376100号），空白现金支票1本（098765100～098765125号）及零星支票3张（098765997～098765999号）。

⑤ 有关印鉴：转讫印章1枚，现金收讫印章1枚，现金付讫印章1枚，银行收讫印章1枚，银行付讫印章1枚。

⑥ 其他资料与设备：银行对账单8份（1～8月）；银行存款余额调节表8份（1～8月），印花税票4张；网银U盾及密码1套；支付密码器及说明书1件；电子回单IC卡1张；预留银行印鉴卡1张；印台、印油及印垫各1个；保险柜1个、钥匙1把；点钞机1台；计算机1台及其操作密码；计算器1个。

三、实训要求

根据实训资料中的相关事项编制出纳交接书（见图表1-1）。

四、实训设计

【形式】要求学生在课堂上独立完成出纳交接书的编制；完成交接书的编制后，三人一组分别扮演王风（老出纳员）、陆霞（新出纳员）和庄薇（财务主管），进行交接模拟演练。

【准备】出纳交接书如图表 1-1 所示。

【评价】本实训将教师和组长的评价相结合，出纳交接实训评价表如图表 1-2 所示。

五、实训单据

▼图表 1-1　出纳交接书▼

出纳交接书

____

____

1. 交接日期

2. 移交业务

3. 移交的会计凭证、账簿及文件

4. 移交银行相关物件

5. 移交印鉴及用具

6. 移交设备及用具

说明：

移交人（签字）：　　　　接管人（签字）：　　　　监交人（签字）：

年　　月　　日

▼图表1-2 出纳交接实训评价表▼

出纳交接实训评价表

评 价 项 目	分值（分）	评分（分）
出纳交接书（教师评价）	60	
出纳交接演练（组长评价）	40	
合计	100	

实训2　日记账的启用与接交

一、实训目的

（1）在账簿启用时会填制账簿启用表。

（2）在办理交接时会填制账簿接交表。

二、实训资料

1. 企业有关情况

（1）单位名称：梁溪凌空股份有限公司。

（2）法人代表：缪建新；财务主管：庄薇。

（3）会计：林海；出纳员：王风。

2. 相关事项

（1）2020年6月25日，企业现金日记账已经登记满（本年度第三册），需启用新的现金日记账（见图表1-3），账簿编号假定为RJZX202003。

（2）2020年7月12日，企业银行存款日记账已经登记满（本年度第二册），需启用新的银行存款日记账（见图表1-4），账簿编号假定为RJZY202002。

（3）2020年12月3日，出纳员王风因休产假需办理交接手续，出纳岗位由新招聘的陆霞接任，由财务主管庄薇负责监交。

三、实训要求

1. 启用新账本时分别填制现金和银行存款日记账簿的启用表。

2. 办理交接时分别填制现金和银行存款日记账簿的接交表。

四、实训设计

【形式】要求学生在课堂上独立完成日记账启用表的填制；完成启用表填制后三

人一组分别扮演王风（老出纳员）、陆霞（新出纳员）和庄薇（财务主管）进行接交表的填制。

【准备】账簿启用及接交表如图表 1-3、图表 1-4 所示。

【评价】本实训将教师和组长的评价相结合，账簿启用及接交表实训评价表如图表 1-5 所示。

五、实训单据

▼图表 1-3　账簿启用及接交表▼

账 簿 启 用 及 接 交 表

江苏省财政厅 监制

<table>
<tr><td colspan="2">单位名称</td><td colspan="11"></td><td colspan="4">印 鉴</td></tr>
<tr><td colspan="2">账簿名称</td><td colspan="11">（第　　册）</td><td colspan="4" rowspan="4">梁溪凌空服务有限公司
财务专用章</td></tr>
<tr><td colspan="2">账簿编号</td><td colspan="11"></td></tr>
<tr><td colspan="2">账簿页数</td><td colspan="11">本账簿共计　　页　（账簿页数检点人盖章）</td></tr>
<tr><td colspan="2">启用日期</td><td colspan="11">公元　　年　月　日</td></tr>
<tr><td rowspan="3">经管人员</td><td colspan="4">单位主管</td><td colspan="4">财务主管</td><td colspan="4">复 核</td><td colspan="4">记 账</td></tr>
<tr><td colspan="2">姓 名</td><td colspan="2">盖章</td><td colspan="2">姓 名</td><td colspan="2">盖章</td><td colspan="2">姓 名</td><td colspan="2">盖章</td><td colspan="2">姓 名</td><td colspan="2">盖章</td></tr>
<tr><td colspan="2"></td><td colspan="2"></td><td colspan="2"></td><td colspan="2"></td><td colspan="2"></td><td colspan="2"></td><td colspan="2"></td><td colspan="2"></td></tr>
<tr><td rowspan="5">接交记录</td><td colspan="4">经管人员</td><td colspan="6">接 管</td><td colspan="6">交 出</td></tr>
<tr><td colspan="2">职别</td><td colspan="2">姓名</td><td>年</td><td>月</td><td>日</td><td colspan="3">盖章</td><td>年</td><td>月</td><td>日</td><td colspan="3">盖章</td></tr>
<tr><td colspan="2"></td><td colspan="2"></td><td></td><td></td><td></td><td colspan="3"></td><td></td><td></td><td></td><td colspan="3"></td></tr>
<tr><td colspan="2"></td><td colspan="2"></td><td></td><td></td><td></td><td colspan="3"></td><td></td><td></td><td></td><td colspan="3"></td></tr>
<tr><td colspan="2"></td><td colspan="2"></td><td></td><td></td><td></td><td colspan="3"></td><td></td><td></td><td></td><td colspan="3"></td></tr>
<tr><td>备注</td><td colspan="16"></td></tr>
</table>

▼图表 1-4　账簿启用及接交表▼

账簿启用及接交表

江苏省财政厅 监制

<table>
<tr><td>单位名称</td><td colspan="2"></td><td>印鉴</td></tr>
<tr><td>账簿名称</td><td colspan="2">（第　　册）</td><td rowspan="4">梁溪凌空股份有限公司财务专用章</td></tr>
<tr><td>账簿编号</td><td colspan="2"></td></tr>
<tr><td>账簿页数</td><td>本账簿共计　页</td><td>（账簿页数检点人盖章）</td></tr>
<tr><td>启用日期</td><td colspan="2">公元　　年　月　日</td></tr>
</table>

<table>
<tr><td rowspan="3">经管人员</td><td colspan="2">单位主管</td><td colspan="2">财务主管</td><td colspan="2">复　核</td><td colspan="2">记　账</td></tr>
<tr><td>姓 名</td><td>盖章</td><td>姓 名</td><td>盖章</td><td>姓 名</td><td>盖章</td><td>姓 名</td><td>盖章</td></tr>
<tr><td></td><td></td><td></td><td></td><td></td><td></td><td></td><td></td></tr>
</table>

<table>
<tr><td rowspan="5">接交记录</td><td colspan="2">经管人员</td><td colspan="4">接　管</td><td colspan="4">交　出</td></tr>
<tr><td>职别</td><td>姓名</td><td>年</td><td>月</td><td>日</td><td>盖章</td><td>年</td><td>月</td><td>日</td><td>盖章</td></tr>
<tr><td></td><td></td><td></td><td></td><td></td><td></td><td></td><td></td><td></td><td></td></tr>
<tr><td></td><td></td><td></td><td></td><td></td><td></td><td></td><td></td><td></td><td></td></tr>
<tr><td></td><td></td><td></td><td></td><td></td><td></td><td></td><td></td><td></td><td></td></tr>
<tr><td>备注</td><td colspan="10"></td></tr>
</table>

▼图表 1-5　账簿启用及接交表实训评价表▼

账簿启用及接交表实训评价表

评 价 项 目	分值（分）	评分（分）
现金日记账启用（教师评价）	30	
现金日记账接交（组长评价）	20	
银行存款日记账启用（教师评价）	30	
银行存款日记账接交（组长评价）	20	
合计	100	

项目2

原始凭证的填制和审核

“万丈高楼平地起”，你见过没有地基的高楼大厦吗？你见过没有树根的参天大树吗？对于会计工作而言，原始凭证就是起始环节，是记账的原始依据。出纳员每天需要填制和审核各种原始凭证，如到银行提取现金时需要填制现金支票；收到转账支票时需要填制进账单办理进账手续；对于报销业务，需要审核各种原始凭证。原始凭证就是出纳员的“咽喉”，必须正确填制、审核并保管好。规范、美观地填制原始凭证将助你踏上职场成功之路。

原始凭证的填制和审核包括三方面内容：一是原始凭证出票日期的大写；二是原始凭证的填制；三是原始凭证的审核。同学们，让我们振奋精神，投入到本项目的训练中吧！

实训1　原始凭证出票日期的大写

一、实训目的

掌握原始凭证出票日期的大写。

二、实训资料

（1）2020年2月20日：________________

（2）2020年3月30日：________________

（3）2020年5月15日：________________

（4）2020年10月20日：________________

（5）2021年10月8日：________________

（6）2021年4月6日：________________

（7）2021年6月10日：________________

（8）2022年7月16日：________________

（9）2022年8月20日：________________

（10）2022年11月1日：________________

三、实训要求

根据资料在对应处写出大写的出票日期。

四、实训形式

【形式】要求学生在课堂上独立完成。

【评价】本实训由教师进行评价，每个实训资料为10分，总分为100分。

实训2　原始凭证的填制

一、实训目的

（1）根据原始凭证会判断经济业务的发生情况。

（2）根据经济业务正确填制相关原始凭证。

二、实训资料

1．企业有关情况

（1）单位名称：梁溪凌空股份有限公司（一般纳税人），纳税人识别号：50706876596547A。

（2）法人代表：缪建新；财务主管：庄薇。

（3）会计：林海；出纳员：王风。

（4）单位地址及电话：梁溪市台山路 98 号　82676888

（5）开户行及账号：中国工商银行梁溪台山支行　430008675466338765

2．企业有关经济业务

2020 年 10 月，该企业有关经济业务如下。

【业务 1】 15 日，因库存现金不足，企业准备从银行提取现金 20 000 元备用。

【业务 2】 18 日，业务员李民持梁溪凌空股份有限公司费用报销单（见图表 2-1）和江苏省增值税专用发票（见图表 2-2）前来报销广告费，出纳员签发转账支票支付。

▼图表 2-1　梁溪凌空股份有限公司费用报销单▼

梁溪凌空股份有限公司费用报销单

购物（或业务往来）日期：2020 年 10 月 16 日			背面附原始凭证 1 张		
内　　容		发　票　号	单　价	数　量	金　额
1	支付广告费	00031985			26 500.00
2					
3					
备注：					
实报金额（大写）人民币贰万陆仟伍佰元整		¥26 500.00			

审批	缪建新	财务	庄薇	部门经理	王敏	经手人	李民

报销日期：2020 年 10 月 17 日

▼图表 2-2　江苏省增值税专用发票▼

江苏省增值税专用发票

发　票　联

No　00031985

开票日期：2020 年 10 月 16 日

购买方	名　　称：梁溪凌空股份有限公司 纳税人识别号：50706876596547A 地址 、 电话：梁溪市台山路 98 号　82676888 开户行及账号：中国工商银行梁溪台山支行　430008675466338765				密码区		
货物或应税劳务名称	规格型号	单位	数量	单价	金额	税率	税额
*现代服务*广告制作费		个	1		25 000.00	6%	1 500.00
合计					¥25 000		¥1 500.00
价税合计（大写）	⊗贰万陆仟伍佰元整　　（小写）¥26 500.00						
销售方	名　　称：梁溪报业集团广告有限公司 纳税人识别号：71320200835934655W 地址 、 电话：梁溪市解放路 108 号　0510-53694222 开户行及账号：中国农业银行梁溪解放路支行　323232099666242				备注	梁溪报业集团广告有限公司 71320200835934655W 发票专用章	

收款人：　　复核人：　　开票人：刘艳　　销售方：（章）

第三联：发票联　购买方记账凭证

【业务 3】 18 日，经查询，嘉兴动力股份有限公司的一张银行承兑汇票（见图表 2-3）将于 2020 年 10 月 24 日到期，准备办理托收。

▼图表 2-3　银行承兑汇票正面▼

银行承兑汇票　2　　40207045

出票日期（大写）贰零贰零年肆月贰拾肆日　　2056832

出票人全称	嘉兴动力股份有限公司	收款人	全　称	梁溪凌空股份有限公司
出票人账号	4256464117767772		账　号	430008675466338765
付款行名称	中国农业银行嘉兴星洲路支行		开户银行	中国工商银行梁溪台山支行
出票金额	人民币（大写）柒万伍仟元整		千 百 十 万 千 百 十 元 角 分	¥ 7 5 0 0 0 0 0
票据到期日（大写）	贰零贰零年零壹拾月贰拾肆日	付款行	行号	2035079027844
承兑协议编号	银承兑 202054 号		地址	中国农业银行嘉兴星洲路支行
本汇票请你行承兑，到期无条件付款。 嘉兴动力股份有限公司财务专用章　涛钱 出票人签章		本汇票已经承兑，到期日由本行付款。 3035079027849 承兑行签章 承兑日期　年　月　日		密押 复核　　记账

第一联　此联收款人开户银行随托收凭证寄付款行作借方凭证附件

▼图表 2-4　银行承兑汇票背面▼

背书人	被背书人
梁溪凌空股份有限公司财务专用章　缪建新印 背书人签章 年　月　日	背书人签章 年　月　日

【业务 4】19 日，为采购材料，供应部门申请办理银行汇票，梁溪凌空股份有限公司付款申请书如图表 2-5 所示。

▼图表 2-5　梁溪凌空股份有限公司付款申请书▼

梁溪凌空股份有限公司付款申请书

2020 年 10 月 18 日

用　途	金　额											收款单位：蓝州钢铁有限公司
支付货款	亿	千	百	十	万	千	百	十	元	角	分	账　号：6343153684765433640
			¥	1	5	0	0	0	0	0	0	开户银行：中国农业银行蓝州城南支行
金额大写（合计）	人民币壹拾伍万整											电汇☐　转账 ☐　汇票☑　网银☐

总经理	缪建新	财务部门	经理	庄薇	经办部门	经理	叶超
			会计	林海		经办人	华刚

【业务 5】21 日，企业销售一批商品，收到中国工商银行转账支票（苏）（见图表 2-6）。

▼图表 2-6　中国工商银行转账支票（苏）▼

中国工商银行　　转账支票（苏）

出票日期（大写）贰零贰零年零壹拾月贰拾壹日　　付款行名称：中国工商银行梁溪新区支行

收款人：梁溪凌空股份有限公司　　出票人账号：6225457689670540790

人民币（大写）	百	十	万	千	百	十	元	角	分
贰万叁仟柒佰叁拾元整		¥	2	3	7	3	0	0	0

本支票付款期限十天

用途　购发电机组

上列款项请从

我账户内支付

出票人签章　梁溪建筑股份有限公司财务专用章　章志强印

复核　　记账

▼图表 2-7 江苏省增值税专用发票▼

江苏省增值税专用发票　　　　**No 03287212**

国家税务总局

此联不作报销、扣款使用　　　　开票日期：2020 年 10 月 21 日

购买方	名　　称：梁溪建筑股份有限公司 纳税人识别号：342254456126709G 地址、电话：健康路 212 号　55678966 开户行及账号：中国工商银行梁溪新区支行 6225457689670540 79	密码区	

货物或应税劳务名称	规格型号	单位	数量	单价	金额	税率	税额
*金属制品*发电机组		台	1	21 000	21 000.00	13%	2 730.00
合计					¥21 000.00		¥2 730.00
价税合计（大写）	⊗贰万叁仟柒佰叁拾元整			（小写）¥23 730.00			

销售方	名　　称：梁溪凌空股份有限公司 纳税人识别号：50706876596547A 地址、电话：梁溪市台山路 98 号 82676888 开户行及账号：中国工商银行梁溪台山支行 430008675466338765	备注	梁溪凌空股份有限公司 50706876596547A 发票专用章

收款人：　　复核人：　　开票人：张旭　　销售方：（章）

第一联：记账联　销售方记账凭证

【业务 6】22 日，门市部张晓交来销售日报表（见图表 2-8）。

▼图表 2-8 销售日报表▼

销售日报表

2020 年 10 月 22 日　　　　金额单位：元

编号	商品名称	单位	数量	单价	金额	备注
1001	飞轮	个	6	282.50	1 695.00	现金结算
1002	皮带轮	条	18	47.46	854.28	现金结算
1003	铂金斯缸套	个	9	158.20	1 423.80	现金结算
	合　计				3 973.08	

出纳：王凤　　　　复核：华秋红　　　　制单：张晓

【业务 7】22 日，将本日销售商品现金 3 973.00 元解存银行（100 元面值 33 张、50 元面值 9 张、20 元面值 5 张、10 元面值 8 张、5 元面值 7 张、1 元面值 8 张）。

【业务 8】29 日，行政部门浦忠报销差旅费（无预借款，见图表 2-9～图表 2-11）。假定出差补贴为 180 元/天，无其他费用发生。

▼图表 2-9　火车票▼

A059539　　梁溪 售

梁溪　T114次　杭州

Liangxi　→　Hangzhou

2020年10月25日 15:00开　08车08D号

100.50元　二等座

限乘当日当次车

3703061973****0016　检票口1

17786000030624 A059539

▼图表 2-10　火车票▼

A069549　　杭州 售

杭州　T111次　梁溪

Hangzhou　→　Liangxi

2020年10月28日 16:00开　06车02D号

100.50元　二等座

限乘当日当次车

3703061973****0016　检票口2

17786000030624 A069549

▼图表 2-11　江苏省增值税专用发票▼

江苏省增值税专用发票　　No 03287212

（国家税务总局 发票联）

开票日期：2020 年 10 月 21 日

购买方	名称：梁溪凌空股份有限公司 纳税人识别号：507068765965474 地址、电话：梁溪市台山路 98 号 82676888 开户行及账号：中国工商银行梁溪台山支行 430008675466338765				密码区		
货物或应税劳务名称	规格型号	单位	数量	单价	金额	税率	税额
*住宿服务*住宿费		间	2	330.19	660.38	6%	39.62
合计					¥660.38		¥39.62
价税合计（大写）	⊗柒佰元整		（小写）¥700.00				
销售方	名称：杭州维纳斯酒店有限公司 纳税人识别号：91220205434287C 地址、电话：杭州市向阳路 66 号 65433999 开户行及账号：中国工商银行杭州向阳支行 640008675466338439				备注	（杭州维纳斯酒店有限公司 91220205434287C 发票专用章）	

收款人：　　复核人：　　开票人：李芳　　销售方：（章）

第三联：发票联　购买方记账凭证

三、实训要求

（1）根据业务1填制中国工商银行现金支票（苏）（见图表2-12）。

（2）根据业务2填制中国工商银行转账支票（苏）（见图表2-13）。

（3）根据业务3填制托收凭证（受理回单）（见图表2-14）。

（4）根据业务4填制中国工商银行结算业务申请书（见图表2-15）。

（5）根据业务5填制中国工商银行进账单（回单）（见图表2-16）。

（6）根据业务6填制收据（见图表2-17）。

（7）根据业务7填制中国工商银行现金存款凭证（见图表2-18）。

（8）根据业务8填制梁溪江南股份有限公司出差费用报销单（见图表2-19）。

四、实训设计

【形式】要求学生在课堂上独立完成各原始凭证的填制，完成后由同桌审核。

【准备】根据提供的原始凭证进行填制。

【评价】本实训采用教师评价与学生（同桌）评价相结合，原始凭证填制评价表如图表2-20所示。

五、实训单据

▼图表 2-12　中国工商银行现金支票（苏）▼

中国工商银行
现金支票存根 （苏）
VI007366345
附加信息

出票日期：　年　月　日

收款人：	
金　额：	
用　途：	

单位主管　　会计

中国工商银行　现金支票（苏）　VI007366345

本支票付款期限十天

出票日期（大写）　年　月　日　付款行名称：
收款人：　出票人账号：

人民币（大写）	十	万	千	百	十	元	角	分

用途

上列款项请从
我账户内支付
出票人签章　复核　记账

▼图表 2-13　中国工商银行转账支票（苏）▼

中国工商银行
转账支票存根 （苏）
VI007376543
附加信息

出票日期：　年　月　日

收款人：	
金　额：	
用　途：	

单位主管　　会计

中国工商银行　转账支票（苏）　VI007376543

本支票付款期限十天

出票日期（大写）　年　月　日　付款行名称：
收款人：　出票人账号：

人民币（大写）	十	万	千	百	十	元	角	分

用途

上列款项请从
我账户内支付
出票人签章　复核　记账

▼图表 2-14　托收凭证（受理回单）▼

托收凭证　（受理回单）　　1　　第　　号

委托日期　　年　　月　　日

业务类型	委托收款（□邮划、□电划）　托收承付（□邮划、□电划）						
收款人	全称			付款人	全称		
	账号				账号		
	地址	省　市	开户行		地址	省　市	开户行

金额	人民币（大写）	千	百	十	万	千	百	十	元	角	分

款项内容		托收凭据名称		附寄单证张数	
商品发运情况				合同名称号码	
备注： 复核　　记账		款项收妥日期 年　月　日		收款人开户银行签章 年　月　日	

此联是收款人开户银行给收款人的受理回单

▼图表 2-15　中国工商银行结算业务申请书▼

ICBC 中国工商银行　结算业务申请书　　No 66187654

币别：　　　　年　　月　　日　　　　流水号：

业务类型	□银行汇票□银行本票□电汇	付款方式	□转账　　□现金
申请人		收款人	
账号		账号	
用途		代理付款行	

金额	（大写）	千	百	十	万	千	百	十	元	角	分

客户签章	

会计主管　　授权　　复核　　录入

▼图表 2-16　中国工商银行进账单（回单）▼

中国工商银行　进账单（回　单）　1

年　月　日

出票人	全　称		收款人	全　称										
	账　号			账　号										
	开户银行			开户银行										
人民币（大写）					千	百	十	万	千	百	十	元	角	分
票据种类														
票据张数														
单位主管　会计　复核　记账			开户银行签章											

此联是收款人开户银行交给收款人的回单

▼图表 2-17　收据▼

收　据　　NO　0008759

2020 年 6 月 25 日

交款单位________________　收款方式__________

人民币（大写）__________　¥__________

收款事由______________________________

年　月　日

二 客户联

单位盖章　财务主管　记账　出纳　审核　经办

▼图表 2-18　中国工商银行现金存款凭证▼

ICBC 中国工商银行　现金存款凭证

年　月　日　　编号：

存款人	全称					
	账号		款项来源			
	开户行		交款人			
金额大写			金额小写			
票面	张数	票面	张数	票面	张数	经办　复核

第二联 银行留存

主管：　授权：　复核：　经办：

▼图表 2-19　梁溪江南股份有限公司出差费用报销单▼

梁溪江南股份有限公司　出差费用报销单

<table>
<tr><td colspan="2">出差事由</td><td colspan="4"></td><td colspan="5">填报日期：　　年　月　日</td><td colspan="4">附原始凭证　　张</td></tr>
<tr><td rowspan="2">月日</td><td rowspan="2">起止时间</td><td rowspan="2">起讫地点</td><td colspan="2">车船费</td><td>途中补贴</td><td colspan="2">住勤补贴</td><td colspan="3">误餐补贴</td><td rowspan="2">旅馆费</td><td rowspan="2">市内交通费</td><td rowspan="2">行李搬运费</td><td rowspan="2">其他</td></tr>
<tr><td>车次</td><td>金额</td><td>金额</td><td>天数</td><td>金额</td><td>中</td><td>晚</td><td>金额</td></tr>
<tr><td rowspan="2">／</td><td>午 时 分</td><td rowspan="2">至</td><td rowspan="2"></td><td rowspan="2"></td><td rowspan="2"></td><td rowspan="2"></td><td rowspan="2"></td><td rowspan="2"></td><td rowspan="2"></td><td rowspan="2"></td><td rowspan="2"></td><td rowspan="2"></td><td rowspan="2"></td><td rowspan="2"></td></tr>
<tr><td>午 时 分</td></tr>
<tr><td rowspan="3">／</td><td>午 时 分</td><td rowspan="3">至</td><td rowspan="3"></td><td rowspan="3"></td><td rowspan="3"></td><td rowspan="3"></td><td rowspan="3"></td><td rowspan="3"></td><td rowspan="3"></td><td rowspan="3"></td><td rowspan="3"></td><td rowspan="3"></td><td rowspan="3"></td><td rowspan="3"></td></tr>
<tr><td>午 时 分</td></tr>
<tr><td>午 时 分</td></tr>
<tr><td rowspan="2">／</td><td>午 时 分</td><td rowspan="2">至</td><td rowspan="2"></td><td rowspan="2"></td><td rowspan="2"></td><td rowspan="2"></td><td rowspan="2"></td><td rowspan="2"></td><td rowspan="2"></td><td rowspan="2"></td><td rowspan="2"></td><td rowspan="2"></td><td rowspan="2"></td><td rowspan="2"></td></tr>
<tr><td>午 时 分</td></tr>
<tr><td colspan="3">支　出　小　计</td><td></td><td></td><td></td><td></td><td></td><td></td><td></td><td></td><td></td><td></td><td></td><td></td></tr>
<tr><td>预支金额</td><td></td><td>应付（退）金额</td><td colspan="2"></td><td colspan="3">支出金额（大写）</td><td colspan="7"></td></tr>
<tr><td>领导审核</td><td colspan="2"></td><td colspan="2">报销人签章</td><td colspan="3"></td><td colspan="2">说明</td><td colspan="5"></td></tr>
</table>

▼图表 2-20　原始凭证填制评价表▼

原始凭证填制评价表

评 价 项 目	分值（分）	评分（分）
现金支票填制	16	
转账支票填制	16	
托收凭证填制	8	
结算业务申请书填制	8	
进账单填制	8	
收据填制	8	
现金存款单填制	8	
报销单填制	8	
同桌评价	20	
合计	100	

实训 3　原始凭证的审核

一、实训目的

（1）会审核原始凭证。

（2）能对原始凭证审核结果进行处理。

二、实训资料

1．企业有关情况

（1）单位名称：梁溪凌空股份有限公司（一般纳税人），纳税人识别号：50706876596547A。

（2）法人代表：缪建新；财务主管：庄薇。

（3）会计：林海；出纳员：王风。

（4）单位地址及电话：梁溪市台山路 98 号　82676888

（5）开户行及账号：中国工商银行梁溪台山支行　430008675466338765

2．企业有关经济业务

2020 年 10 月 20 日，该企业取得或填制的原始凭证如下。

（1）销售一批产品，取得梁溪蓝天生铁有限公司交通银行转账支票（苏）一张（见图表 2-21）。

（2）从梁溪市新华发电机有限责任公司购入发电机 20 台，取得江苏省增值税专用发票（见图表 2-22）。

（3）收到银行转来的梁溪市自来水总公司自来水费发票（见图表 2-23）。

（4）采购员刘强因参加广州展销会预借差旅费 4 500 元，出纳员取得刘强借款申请单（见图表 2-24）。

三、实训要求

对相关原始凭证进行审核，并说明审核结果的处理方法。

四、实训设计

【形式】要求学生在课堂上独立完成各原始凭证的审核。

【准备】根据提供的原始凭证进行审核。

【评价】本实训由教师评价与学生（同桌）评价相结合，原始凭证审核评价表如图表 2-25 所示。

五、实训单据

▼图表 2-21 交通银行转账支票（苏）▼

交通银行 转账支票（苏） V786345554

本支票付款期限十天

出票日期（大写） 贰零贰零年壹拾月贰拾日 付款行名称：交通银行城南支行

收款人： 出票人账号：39364114592555387

人民币（大写）	百	十	万	千	百	十	元	角	分
柒仟陆佰零伍元整				7	6	0	5	0	0

用途 货款

上列款项请从

我账户内支付

出票人签章 梁溪蓝天生铁有限公司财务专用章 姜忠明印

复核 记账

审核本支票发现的问题如下：

（1）________

（2）________

（3）________

（4）________

本支票的处理方法：________

▼图表 2-22 江苏省增值税专用发票▼

江苏省增值税专用发票

发票联

No 03287396

开票日期：2020年10月20日

购买方	名 称：梁溪凌空股份有限公司 纳税人识别号：50706876596547A 地址、电话：梁溪市台山路98号 82676888 开户行及账号：中国工商银行梁溪台山支行 430008675466338765	密码区	

货物或应税劳务名称	规格型号	单位	数量	单价	金额	税率	税额
*金属制品*发电机	N220	台	20	4 800.00	96 000.00	13%	12 480.00
合计					96 000.00		12 480.00
价税合计（大写）	⊗壹拾万捌佰肆拾捌元整		（小写）¥108 480.00				

销售方	名 称：梁溪市新华发电机有限责任公司 纳税人识别号：412444563076798 地址、电话：梁溪市长江北路2号 82104178 开户行及账号：华夏银行梁溪支行 634576599002229965	备注	梁溪市新华发电机有限责任公司 412444563076798 发票专用章 采用支票结算

第三联：发票联 购买方记账凭证

收款人：李燕 复核人：方芳 开票人：季方 销售方：（章）

审核本发票发现的问题如下：

（1）____

（2）____

本发票的处理方法：________________________________

▼图表 2-23　江苏省增值税专用发票▼

江苏省增值税专用发票　　No 03287298

发　票　联　　开票日期：2020 年 6 月 7 日

购买方	名　　称：梁溪凌空股份有限公司 纳税人识别号：50706876596547A 地址、电话：梁溪市台山路 98 号　82676888 开户行及账号：中国工商银行梁溪台山支行　430008675466338765	密码区	

货物或应税劳务名称	规格型号	单位	数量	单价	金额	税率	税额
*供水*水费		吨	250	3.8835	970.87	3%	29.13
合计					¥970.87		¥29.13
价税合计（大写）	⊗壹仟元整		（小写）¥1 000.00				

销售方	名　　称：梁溪市自来水总公司 纳税人识别号：813232099663333365D 地址、电话：梁溪市通扬路 38 号　0510-82106688 开户行及账号：中国工商银行梁溪通扬支行　4996007522876644	备注	梁溪市自来水总公司 813232099663333365D 发票专用章

第三联：发票联　购买方记账凭证

收款人：　　复核人：　　开票人：　　销售方：（章）

审核本发票发现的问题如下：

（1）____

（2）____

本发票的处理方法：________________________________

▼图表 2-24 借款申请单▼

借款申请单

2020年6月5日

借款单位	业务员王强						
用途							
金额（大写）人民币捌千元整			¥8 000.00				
还款计划	2020年6月10日						
领导批准		财务审批	左薇	部门审批	张丽	出纳付款	王风
借款人	王强		备注				

审核本借款单发现的问题如下：

（1）____________________

（2）____________________

（3）____________________

本借款单的处理方法：____________________

▼图表 2-25 原始凭证审核评价表▼

原始凭证审核评价表

评 价 项 目	分值（分）	评分（分）
转账支票审核	20	
增值税专用发票审核	20	
增值税专用发票审核	20	
借款申请单审核	20	
训练态度（同桌评价）	20	
合计	100	

项目3

记账凭证的填制和审核

原始凭证是具有法律效力的书面证明，为了保证记账工作的正确性，应根据会计工作规范的要求和原始凭证编制记账凭证。在前面的学习中，我们学会了根据经济事项编制会计分录。而在实际财务工作中，会计分录是在记账凭证中体现的，记账凭证是记账的直接依据，其编制正确与否直接影响记账工作的质量。

记账凭证的填制和审核包括三方面内容：记账凭证的填制；记账凭证的审核；记账凭证的装订。掌握本项目的技能，有助于我们从出纳岗位顺利转向会计岗位。为了更接近我们的梦想，让我们一起来进入记账凭证的学习天地吧！

实训1　根据原始凭证判断经济业务内容

一、实训目的

1．会根据原始凭证判断经济业务内容。

2．会编制专用记账凭证。

二、实训资料

1．企业有关情况

（1）单位名称：梁溪凌空股份有限公司（一般纳税人），纳税人识别号：50706876596547A。

（2）法人代表：缪建新；财务主管：庄薇。

（3）会计：林海；出纳员：王风。

（4）单位地址及电话：梁溪市台山路98号　82676888

（5）开户行及账号：中国工商银行梁溪台山支行　430008675466338765

2．企业有关经济业务

2020年12月1日，该企业有关经济业务如下。

【业务1】如图表3-1所示。

【业务2】如图表3-2、图表3-3所示。

【业务3】如图表3-4所示。

【业务4】如图表3-5～图表3-7所示。

【业务5】如图表3-8～图表3-10所示。

【业务6】如图表3-11～图表3-14所示。

【业务7】如图表3-15、图表3-16所示。

【业务8】如图表3-17所示。

【业务9】如图表3-18所示。

【业务10】如图表3-19～图表3-21所示。

【业务11】如图表3-22、图表3-23所示。

【业务12】如图表3-24～图表3-27所示。

▼图表 3-1　借款申请单▼

借款申请单

2020 年 12 月 1 日

借款单位	供应科刘强						
用途	出差滨海市预借差旅费						
金额（大写）人民币伍仟元整　　¥5 000.00							
还款计划	2020 年 12 月 10 日						
领导批准	缪建新	财务审批	庄薇	部门审批	林晨	出纳付款	王风
借款人	刘强		备注				

▼图表 3-2　梁溪凌空股份有限公司出差费用报销单▼

梁溪凌空股份有限公司　出差费用报销单

出差事由	建业订货会	填报日期：2020 年 12 月 1 日	附原始凭证 3 张

月/日	起止时间	起讫地点	车船费 车次	车船费 金额	途中补贴 金额	住勤补贴 天数	住勤补贴 金额	误餐补贴 中	误餐补贴 晚	误餐补贴 金额	旅馆费	市内交通费	行李搬运费	其他
11/28	午 时 分 午 时 分	凌空至建业		92										600
11/30	午 时 分 午 时 分 午 时 分	建业至凌空		92		3	600				760			
/	午 时 分 午 时 分	至												
支出小计				184			600				760			600

预支金额	2 500	应付（退 √）金额	356	支出金额（大写）	人民币贰仟壹佰肆拾肆元整
领导审核	缪建新	报销人签章	王波	说明	

注：所附原始单据略

▼图表 3-3　收据▼

收　　据　　　　NO　0008759

2020 年 12 月 1 日

交款单位 销售科王波	收款方式 现金
人民币（大写）贰仟伍佰元整	¥2 500.00
收款事由 还款	现金收讫
	2020 年 12 月 1 日

二代收款凭证

单位盖章　　财务主管　　记账　　出纳 王风　　审核　　经办

▼图表 3-4　中国工商银行单位客户专用回单▼

ICBC　**中国工商银行单位客户专用回单**　　N0 2963

币别：人民币　　2020 年 12 月 1 日　　流水号：27654487367278696342 8

付款人		收款人	
全　称	梁溪新区贸易有限公司	全　称	梁溪凌空股份有限公司
账　号	3043153445000563229	账　号	4300086754663387 65
开户行	中国工商银行梁溪莆洲路支行	开户行	中国工商银行梁溪台山支行

金　额	人民币（大写）叁万捌仟陆佰元整	千	百	十	万	千	百	十	元	角	分
				¥	3	8	6	0	0	0	0

凭证种类	电子转账凭证	凭证号码	2202489754
结算方式	转账	用　途	货款

打印柜员：320654202
打印机构：中国工商银行梁溪台山支行
打印卡号：4320000000012896

中国工商银行梁溪台山支行 电子回单专用章

打印时间：2020-12-1　　交易柜员　　交易机构：32176820

▼图表 3-5　梁溪凌空股份有限公司费用报销单▼

梁溪凌空股份有限公司费用报销单

购物（或业务往来）日期：2020 年 12 月 1 日			背面附原始凭证 2 张		
	内　容	发票号码	单　价	数　量	金　额
1	水费	03287298			1 600.00
2					
3					
备注：			转账付讫		
实报金额（大写）人民币壹仟陆佰元整		¥1 600.00			

总经理	缪建新	财务经理	庄薇	部门经理	朱涛	报销人	刘娟

▼图表 3-6　中国工商银行业务回单▼

ICBC 中国工商银行　　凭证

日期　2020 年 12 月 1 日　　业务回单　（付款）

回单编号：18062000972

付款人户名：梁溪凌空股份有限公司　　付款人开户行：中国工商银行梁溪台山支行

付款人账号：430008675466338765

收款人账号：4996007522876644　　收款人开户行：中国工商银行梁溪通扬支行

金额：壹仟陆佰元整　　小写：1 600.00 元

业务（产品）种类　　凭证种类：00000000　　凭证号码：000000000000000000

摘要 ：水费　　用途：　　币种：人民币

交易机构：0110300421　　记账柜员：00118　　交易代码：45296　　渠道：网上银行

附言：

支付交易序号：61157924　报文种类：大客户发起汇兑业务　　委托日期：2020 年 12 月 1 日

业务类型：普通汇兑　　指令编号：HZP14180654　　提交人：王丽

本回单为第一次打印，注意重复　打印日期：2020 年 12 月 1 日　　打印柜员：10　　验证码：0ABE6CA7786

（印章：中国工商银行梁溪台山支行 自助回单机专用章 （003））

▼图表 3-7　江苏省增值税专用发票▼

江苏省增值税专用发票　　No　03287298

发　票　联　　开票日期：2020 年 11 月 30 日

购买方	名　称：梁溪凌空股份有限公司 纳税人识别号：50706876596547A 地址 、电话：梁溪市台山路 98 号　82676888 开户行及账号：中国工商银行梁溪台山支行　430008675466338765			密码区			
货物或应税劳务名称	规格型号	单位	数量	单价	金额	税率	税额
*供水*水费		吨	370	4.1984	1 553.40	3%	46.60
合计					¥1 553.40		¥46.60
价税合计（大写）	⊗壹仟陆佰元整　　（小写）¥1 600.00						
销售方	名　称：梁溪市自来水总公司 纳税人识别号：91323209966333342D 地址 、电话：梁溪市通扬路 38 号　0510-82106688 开户行及账号：中国工商银行梁溪通扬支行　4996007522876644			备注	（印章：梁溪市自来水总公司 91323209966333342D 发票专用章）		

第三联：发票联　购买方记账凭证

收款人：　　复核人：　　开票人：蔡琴　　销售方：（章）

▼图表 3-8　梁溪凌空股份有限公司费用报销单▼

梁溪凌空股份有限公司　费用报销单

购物（或业务往来）日期：　2020 年 12 月 1 日			背面附原始凭证 2 张		
内　　容		发　票　号	单　价	数　量	金　额
1	业务招待费	04787265			2 300.00
2					
3					
备注：					
实报金额（大写）人民币贰仟叁佰元整		¥2 300.00			

总经理	缪建新	财务经理	庄薇	部门经理	汤斌	报销人	钱业红

▼图表 3-9　江苏省增值税普通发票▼

江苏省增值税普通发票　　No　04787265

发　票　联　　开票日期：2020 年 12 月 1 日

购买方	名　　称：梁溪凌空股份有限公司 纳税人识别号：50706876596547A 地址、电话：梁溪市台山路 98 号　82676888 开户行及账号：中国工商银行梁溪台山支行　430008675466338765	密码区					
货物或应税劳务名称	规格型号	单位	数量	单价	金额	税率	税额
*餐饮服务*餐费		桌	1	2 169.81	2 169.81	6%	130.19
合计					¥2 169.81		¥130.19
价税合计（大写）	⊗贰仟叁佰元整　　（小写）¥2 300.00						
销售方	名　　称：梁溪市钱桥餐饮有限公司 纳税人识别号：91320200835934633q 地址、电话：梁溪市钱桥 177 号　0510-65325777 开户行及账号：交通银行梁溪钱桥支行　323232099665553	备注	梁溪市钱桥餐饮有限公司 91320200835934633q 发票专用章				

第二联：发票联　购买方记账凭证

收款人：　　复核人：　　开票人：章敏　　销售方：（章）

▼图表 3-10 转账支票存根▼

中国工商银行
转账支票存根（苏）
VI0342789034

附加信息

出票日期：2020 年 12 月 1 日

收款人：梁溪市钱桥餐饮有限公司	
金　额：¥2 300.00	
用　途：餐费	

单位主管 缪建新　会计 林海

▼图表 3-11 梁溪凌空股份有限公司费用报销单▼

梁溪凌空股份有限公司 费用报销单

购物（或业务往来）日期：2020 年 12 月 1 日			背面附原始凭证 2 张			
内　容		发　票　号	单　价	数　量	金　额	
1	增值税				52 869.00	
2	城市维护建设税				3 700.83	
3	教育费附加				1 586.07	
4						
备注：11 月份税金						
实报金额（大写）人民币伍万捌仟壹佰伍拾伍元玖角整			¥58 155.90			
总经理	缪建新	财务经理	庄薇	部门经理		经手人 黄娟

▼图表 3-12　中国工商银行单位客户专用回单▼

ICBC 中国工商银行　单位客户专用回单

转账日期：2020 年 12 月 1 日　　　　凭证字号：5001281801200076232

纳税人全称：梁溪凌空股份有限公司
纳税人识别号（信用代码）：50706876596547A
付款人全称：梁溪凌空股份有限公司　　　　咨询（投诉）电话：12366
付款人账号：430008675466338765　　　　征收机关名称（委托方）：梁溪新吴区税务局
付款人开户银行：中国工商银行梁溪台山支行　　　　收缴国库（银行）：国家金库梁溪新吴支库
小写（合计）金额：¥52 869.00　　　　缴款书流水号：30651876549977228887765532
大写（合计）金额：人民币伍万贰仟捌佰陆拾玖元整　　　　税票号码：32028323000124390

税（费）名称	所属时间	实缴金额
增值税	20201101—202001130	52 869.00

▼图表 3-13　中国工商银行单位客户专用回单▼

ICBC 中国工商银行　单位客户专用回单

转账日期：2020 年 12 月 1 日　　　　凭证字号：5001281801200076238

纳税人全称：梁溪凌空股份有限公司
纳税人识别号（信用代码）：50706876596547A
付款人全称：梁溪凌空股份有限公司　　　　咨询（投诉）电话：12366
付款人账号：430008675466338765　　　　征收机关名称（委托方）：梁溪新吴区税务局
付款人开户银行：中国工商银行梁溪台山支行　　　　收缴国库（银行）：国家金库梁溪新吴支库
小写（合计）金额：¥5 286.90　　　　缴款书流水号：30651876549977228887765533
大写（合计）金额：人民币伍仟贰佰捌拾陆元玖角整　　　　税票号码：320200318000032872

税（费）名称	所属时间	实缴金额
城市维护建设税	20201101—20201130	3 700.83
教育费附加	20201101—20201130	1 586.07

复核：　　　　经办：　　　　打印日期：2020-12-01

▼图表 3-14 中华人民共和国电子缴税（费）凭证▼

中华人民共和国
电子缴税（费）凭证

打印日期：2020-12-01　　　　　　税 04202004539087

纳税人代码	31244456307453X		主管税务机关	梁溪市税务局第二税务分局			
纳税人全称	梁溪凌空股份有限公司		开户银行	中国工商银行梁溪台山支行			
缴款人名称	梁溪凌空股份有限公司		银行账号	430008675466338765			
电子缴款书号	征收项目名称	征收品目名称	所属时期	实缴金额	缴款日期	税款属性	国库
320200318000032872	城市维护建设税	增值税附征	2020-11-1 至 2020-11-30	3 700.83	2020-12-1	一般申报	国家金库梁溪新吴支库
320200318000032872	教育费附加	增值税附征	2020-11-1 至 2020-11-30	1 586.07	2020-12-1	一般申报	国家金库梁溪新吴支库
金额合计	人民币伍仟贰佰捌拾陆元玖角整			¥5 286.90			
注：1. 本缴款单凭证仅作为纳税人记账核算凭证使用，电子纳税的，需与银行对账单电子归缴记录核对一致方有效。纳税人如需汇总开具完税证明，请凭税务登记或身份证明到主管税务机关开具。 2. 打印此票的次日以后，方可到税务部门换开正式完税凭证。						（套印征收专用章）	

▼图表 3-15 梁溪江南股份有限公司付款申请书▼

梁溪江南股份有限公司付款申请书

2020年12月1日

用　途	金　额											收款单位：彭城钢铁有限责任公司			
支付货款	亿	千	百	十	万	千	百	十	元	角	分	账　号：364315368476543643			
			¥	1	5	0	0	0	0	0	0	开户银行：中国农业银行彭城南郊支行			
金额大写（合计）	人民币壹拾伍万元整											电汇☐ 转账 ☐ 汇票☑ 网银☐			
总经理	缪建新	财务部门	经理	庄薇								经办部门	经理	吴大伟	
			会计	林海									经办人	苏强	

▼图表 3-16　中国工商银行结算业务申请书▼

中国工商银行　**结算业务申请书**　　No 66187654

申请日期　2020 年 12 月 1 日

业务类型		☑银行汇票 □银行本票 □电汇	☑转账		□现金
申请人	全　称	梁溪凌空股份有限公司	收款人	全　称	彭城钢铁有限责任公司
	账　号	430008675466338765		账　号	364315368476543643
	开户行	中国工商银行梁溪台山支行		开户行	中国农业银行彭城南郊支行

金额	（大写）人民币壹拾伍万元整	千	百	十	万	千	百	十	元	角	分
			¥	1	5	0	0	0	0	0	0

申请人签章	支付密码	
梁溪凌空股份有限公司财务专用章　缪建新印	附加信息及用途 申请银行汇票	电汇时选择 普通□ 加急□

中国工商银行 梁溪台山支行 2020.12.1 办讫章

▼图表 3-17　销售日报表▼

销售日报表

2020 年 12 月 1 日

编　号	商品名称	单　位	数　量	单　价	金　额	备　注
1001	飞轮	个	26	282.50	7 345.00	现金结算
1002	皮带轮	条	21	47.46	996.66	现金结算
1003	珀金斯缸套	个	29	158.20	4 587.80	现金结算
合　计					12 929.46	

现金收讫

出纳：王风　　复核：华秋红　　制单：张晓

▼图表 3-18　中国工商银行现金存款凭证▼

ICBC 中国工商银行　　现金存款凭证

2020 年 12 月 1 日　　编号：

存款人	全称	梁溪凌空股份有限公司				
	账号	430008675466338765			款项来源	货款
	开户行	中国工商银行梁溪台山支行			交款人	王风
金额（大写）	人民币壹万贰仟玖佰贰拾玖元肆角整			金额（小写）¥12 929.40		
票面	张数	票面	张数	票面	张数	中国工商银行梁溪台山支行 2020.12.1 业务专用章
	101	100				
	49	50				
	15	20				
	7	10				
	1	5				
	4	1				
	4	0.1				经办　复核

第二联　客户留存

主管：　　授权：835345　　复核：　　经办：007864

▼图表 3-19　梁溪凌空股份有限公司费用报销单▼

梁溪凌空股份有限公司费用报销单

购物（或业务往来）日期：2020 年 12 月 1 日			背面附原始凭证 2 张		
内　容		发票号	单价	数量	金额
1	广告费				12 000.00
2					
3					
4					
备注：					
实报金额（大写）人民币壹万贰仟元整　¥12 000.00					

总经理	缪建新	财务经理	左薇	部门经理	王波	经手人	黄娟

▼图表 3-20　银行业务回单▼

ICBC 中国工商银行　　凭证

日期　2020 年 12 月 1 日　业务回单　（付款）

回单编号：18062000765

付款人户名：梁溪凌空股份有限公司		付款人开户行：中国工商银行梁溪市建业支行	
付款人账号：430008675466338765			
收款人账号：323232099666242		收款人开户行：中国农业银行无锡惠山支行	
金额：壹万贰仟元整		小写：12 000.00 元	
业务（产品）种类	凭证种类：00000000	凭证号码：0000000000000000000	
摘要：广告代理费	用途：	币种：人民币	
交易机构：0110300421	记账柜员：00020	交易代码：45296	渠道：网上银行
附言：			
支付交易序号：61157924	报文种类：大客户发起汇兑业务		委托日期：2020 年 12 月 1 日
业务类型：普通汇兑	指令编号：H2P14180654		提交人：王丽
本回单为第一次打印，注意重复	打印日期：2020 年 12 月 1 日	打印柜员：06	验证码：0ABE6CA7786

（印章：中国工商银行无锡建业支行 自助回单机专用章 003）

▼图表 3-21　江苏省增值税专用发票▼

江苏省增值税专用发票　　No　05787389

发　票　联　　开票日期：2020 年 12 月 1 日

购买方	名　　称：梁溪凌空股份有限公司 纳税人识别号：50706876596547A 地址、电话：梁溪市台山路 98 号　82676888 开户行及账号：中国工商银行梁溪台山支行　430008675466338765			密码区			
货物或应税劳务名称	规格型号	单位	数量	单价	金额	税率	税额
*现代服务*广告制作费		个			11 320.75	6%	679.25
合计					¥11 320.75		¥679.25
价税合计（大写）	⊗壹万贰仟元整		（小写）¥12 000.00				
销售方	名　　称：无锡光线传媒有限公司 纳税人识别号：91320200835934622A 地址、电话：梁溪市文良路 108 号　0510-53694222 开户行及账号：中国农业银行无锡惠山支行　323232099666242			备注	（印章：无锡光线传媒有限公司 91320200835934622A 发票专用章）		

收款人：　　复核人：　　开票人：陈兰　　销售方：（章）

第三联：发票联　购买方记账凭证

▼图表 3-22　江苏省增值税专用发票▼

江苏省增值税专用发票

国家税务总局

No　03287212

此联不作报销、扣款使用　　　　开票日期：2020 年 11 月 30 日

购买方	名　　称：梁溪市东方公司 纳税人识别号：43222544561262456 地址、电话：健康路 212 号　55678966 开户行及账号：中国工商银行梁溪城北支行 600162861243774564				密码区		
货物或应税劳务名称	规格型号	单位	数量	单价	金额	税率	税额
*金属制品*凭证装订机		台	30	900	27 000	13%	3 510
合计					¥27 000		¥3 510
价税合计（大写）	⊗叁万零伍佰壹拾元整		（小写）¥30 510.00				
销售方	名　　称：梁溪凌空股份有限公司 纳税人识别号：50706876596547A 地址、电话：梁溪市台山路 98 号 82676888 开户行及账号：中国工商银行梁溪台山支行 430008675466338765				备注	梁溪凌空股份有限公司 50706876596547A 发票专用章	

收款人：　　　复核人：　　　开票人：张旭　　　销售方：（章）

第一联：记账联　销售方记账凭证

▼图表 3-23　中国工商银行进账单（收账通知）▼

中国工商银行　进账单（收账通知）3

2020 年 11 月 30 日

收款人	全　称	梁溪凌空股份有限公司	付款人	全　称	梁溪市东方公司
	账　号	430008675466338765		账　号	600162861243774564
	开户银行	中国工商银行梁溪台山支行		开户银行	中国工商银行梁溪城北支行

金额	人民币（大写）叁万零伍佰壹拾元整	千	百	十	万	千	百	十	元	角	分
				¥	3	0	5	1	0	0	0

票据种类	支票	票据张数	1
票据号码	098765028		
复核		记账	

中国工商银行梁溪台山支行 2020.12.01 办讫章 （02）

开户银行签章

此联是开户银行交给收款人的收账通知

▼图表 3-24　梁溪凌空股份有限公司费用报销单▼

梁溪凌空股份有限公司费用报销单

购物（或业务往来）日期：2020 年 12 月 1 日							背面附原始凭证 2 张
内　　容			发　票　号	单　价	数　量		金　额
1	银行代发 12 月份工资						127 779.00
2							
3							
备注：							
实报金额（大写）壹拾贰万柒仟柒佰柒拾玖元整			¥127 779.00				
审批	缪建新	稽核	林海	验收	黄玲	经手人	王风

报销日期：2020 年 12 月 1 日

▼图表 3-25　中国工商银行单位客户专用回单▼

ICBC　中国工商银行单位客户专用回单　No 572

币别：人民币　　2020 年 12 月 1 日　　流水号：276544873672786 5886

付款人	全　称	梁溪凌空股份有限公司	收款人	全　称	
	账　号	4300086754663387 65		账　号	
	开户行	中国工商银行梁溪台山支行		开户行	

金　额	人民币（大写）壹拾贰万柒仟柒佰柒拾玖元整	千	百	十	万	千	百	十	元	角	分
			¥	1	2	7	7	7	9	0	0

凭证种类	电子转账凭证	凭证号码	46653746809
结算方式	转账	用　途	工资
	打印柜员：320654202 打印机构：中国工商银行无锡建业支行 打印卡号：4320000000012563 （中国工商银行梁溪台山支行 电子回单 专用章）		

（借方凭证）（付款人回单）

打印时间：2020-12-1　　交易柜员　　交易机构：32176813

▼图表 3-26　中国工商银行转账支票存根▼

中国工商银行 转账支票存根
附加信息
出票日期：2020 年 12 月 1 日
收款人：本单位工资户
金　额：¥127 779.00
用　途：银行代发 12 月份工资
单位主管 缪建新　　会计 林海

▼图表 3-27　工资结算汇总表▼

工资结算汇总表

2020 年 12 月　　　　单位：元

车间、部门		应付工资							代扣款项						实发工资
		计时工资	计件工资	加班工资	奖金	津贴补贴	缺勤扣款	合计	养老保险	公积金	医疗保险	失业保险	所得税	合计	
基本生产	生产工人	48 000	28 000	1 600	13 000	8 400	1 300	97 700	7 816	9 770	1 954	977	1 875	22 392	75 308
	管理人员	3 900		320	2 400	1 600		8 220	658	822	164	82	128	1 854	6 366
辅助生产	机修车间	3 450		360	1 475	1 375	160	6 500	520	650	130	65		1 365	5 135
	蒸汽车间	3 800		320	1 800	1 575	205	7 290	583	729	146	73		1 531	5 759
行政管理人员		10 600		1 300	6 645	5 770		24 315	1 945	2 432	486	243	540	5 646	18 669
销售人员		4 200			1 750	1 690		7 640	611	764	153	76	179	1 783	5 857
工程施工人员		8 800			2 900	2 375	280	13 795	1 103	1 379	276	138	214	3 110	10 685
合计		82 750	28 000	3 900	29 970	22 785	1 945	165 460	13 236	16 546	3 309	1 654	2 936	37 681	127 779

审批：缪建新　　　　制单：龚丽娜　　　　复核：林海

（注：工资结算明细表略）

三、实训要求

1．审核原始凭证并判断经济业务内容。

2．编制专用记账凭证。

四、实训设计

【形式】要求同桌二人一组进行分析、讨论，审核原始凭证并判断出经济业务内容。

【准备】专用记账凭证（见图表 3-28～图表 3-40）。

【评价】本实训由教师与学生（同桌）评价相结合，记账凭证填制与审核项目评价表如图表 3-41 所示。

五、实训单据

业务 1 经济业务内容：

业务 2 经济业务内容：

业务 3 经济业务内容：

业务 4 经济业务内容：

业务 5 经济业务内容：

业务 6 经济业务内容：

业务 7 经济业务内容：

业务 8 经济业务内容：

业务 9 经济业务内容：

业务 10 经济业务内容：

业务 11 经济业务内容：

业务 12 经济业务内容：

六、训练单据

▼图表 3-28　付款凭证▼

业务 1

付款凭证

贷方科目：　　　　　　　　年　月　日　　　　　　____付字 第　号

摘　要	借方科目	明细科目	金　额								
			十	万	千	百	十	元	角	分	
合　计											

附单据　张

会计主管　　　记账　　　复核　　　出纳　　　制单

▼图表 3-29　收款凭证▼

业务 2

收款凭证

借方科目：　　　　　　　　年　月　日　　　　　　____收字 第　号

摘　要	贷方科目	明细科目	金　额								
			十	万	千	百	十	元	角	分	
合　计											

附单据　张

会计主管　　　记账　　　复核　　　出纳　　　制单

▼图表 3-30　转账凭证▼

转账凭证

年　月　日　　　　　　转字　第　号

摘　要	借　方		√	贷　方		√	金　额							
	总账科目	明细科目		总账科目	明细科目		十	万	千	百	十	元	角	分
合　计														

附单据　张

会计主管　　　记账　　　复核　　　制单

▼图表 3-31　收款凭证▼

业务 3

收款凭证

借方科目：　　　　　　　　　　年　月　日　　　　　　　____收字 第　号

摘　要	贷方科目	明细科目	金　额								
			十	万	千	百	十	元	角	分	
合　计											

附单据　张

会计主管　　　　记账　　　　复核　　　　出纳　　　　制单

▼图表 3-32　付款凭证▼

业务 4

付款凭证

贷方科目：　　　　　　　　　　年　月　日　　　　　　　____付字 第　号

摘　要	借方科目	明细科目	金　额								
			十	万	千	百	十	元	角	分	
合　计											

附单据　张

会计主管　　　　记账　　　　复核　　　　出纳　　　　制单

▼图表 3-33　付款凭证▼

业务 5

付款凭证

贷方科目：　　　　　　　　　　年　月　日　　　　　　　____付字 第　号

摘　要	借方科目	明细科目	金　额								
			十	万	千	百	十	元	角	分	
合　计											

附单据　张

会计主管　　　　记账　　　　复核　　　　出纳　　　　制单

▼图表 3-34　付款凭证▼

业务 6

付款凭证

贷方科目：　　　　　　年　月　日　　　　　　____付字 第　号

摘要	借方科目	明细科目	金额								
			十	万	千	百	十	元	角	分	
合计											

附单据　张

会计主管　　　记账　　　复核　　　出纳　　　制单

▼图表 3-35　付款凭证▼

业务 7

付款凭证

贷方科目：　　　　　　年　月　日　　　　　　____付字 第　号

摘要	借方科目	明细科目	金额								
			十	万	千	百	十	元	角	分	
合计											

附单据　张

会计主管　　　记账　　　复核　　　出纳　　　制单

▼图表 3-36　收款凭证▼

业务 8

收款凭证

借方科目：　　　　　　年　月　日　　　　　　____收字 第　号

摘要	贷方科目	明细科目	金额								
			十	万	千	百	十	元	角	分	
合计											

附单据　张

会计主管　　　记账　　　复核　　　出纳　　　制单

▼图表 3-37　付款凭证▼

业务 9　　　　付款凭证

贷方科目：　　　　年　月　日　　　　____付字 第　号

摘　要	借方科目	明细科目	金　额								
			十	万	千	百	十	元	角	分	
合　计											

附单据　张

会计主管　　记账　　复核　　出纳　　制单

▼图表 3-38　付款凭证▼

业务 10　　　　付款凭证

贷方科目：　　　　年　月　日　　　　____付字 第　号

摘　要	借方科目	明细科目	金　额								
			十	万	千	百	十	元	角	分	
合　计											

附单据　张

会计主管　　记账　　复核　　出纳　　制单

▼图表 3-39　收款凭证▼

业务 11　　　　收款凭证

借方科目：　　　　年　月　日　　　　____收字 第　号

摘　要	贷方科目	明细科目	金　额								
			十	万	千	百	十	元	角	分	
合　计											

附单据　张

会计主管　　记账　　复核　　出纳　　制单

▼图表 3-40　收款凭证▼

业务 12　　　　　　　　收款凭证

借方科目：　　　　　　　　年　月　日　　　　　　____收字 第　　号

摘　要	贷方科目	明细科目	金　额								
			十	万	千	百	十	元	角	分	
合　计											

附单据　张

会计主管　　　　记账　　　　复核　　　　出纳　　　　制单

实训 2　记账凭证的审核与装订

一、实训目的

（1）会审核记账凭证。

（2）会装订记账凭证。

二、实训资料

2020 年 12 月 1 日，该企业制单员华刚编制的记账凭证如实训 1 所示。

三、实训要求

（1）同桌互相审核根据实训 1 编制的记账凭证并在复核处签字。

（2）把实训 1 编制的专用记账凭证进行装订并填写记账凭证封面与包角纸。

【实训准备】

为每位学生准备的材料：记账凭证封面 1 套（封面与封底），包角纸 1 个；装订线、胶水、打孔机、印泥与骑缝章等。

▼图表 3-41　记账凭证填制与审核项目评价表▼

记账凭证填制与审核项目评价表

评 价 项 目	分值（分）	评分（分）
业务 1：记账凭证的编制	6	
业务 2：记账凭证的编制	6	
业务 3：记账凭证的编制	6	
业务 4：记账凭证的编制	6	
业务 5：记账凭证的编制	6	
业务 6：记账凭证的编制	6	
业务 7：记账凭证的编制	6	
业务 8：记账凭证的编制	6	
业务 9：记账凭证的编制	6	
业务 10：记账凭证的编制	6	
业务 11：记账凭证的编制	6	
业务 12：记账凭证的编制	6	
记账凭证的审核	6	
记账凭证的装订	15	
态度与独立完成情况（组长评价）	7	
合　　计	100	

项目 4

现金收支业务的处理

出纳员真的是一把算盘、一把钞票走天下吗？答案当然是否定的。出纳员主要从事现金的收入与支出，但这并不只是简单的收银工作，还包括填制和审核凭证、加盖“现金收讫”“现金付讫”印章、登记现金日记账等工作。一个优秀的出纳员，在柜台上收付现金、填制和审核凭证、加盖印章、登记现金日记账等系列动作连贯优美，常常令人目不暇接，仿佛在进行一次高水平的个人艺术表演！

现金收支业务的处理不仅停留在静态的操作层面，还注重一系列动态操作的正确性和连贯性。亲爱的同学们，如果你渴望在职场上从容自若、举重若轻，就让我们一起全身心地投入到训练中吧！

一、实训目的

（1）能描述现金收支业务处理的程序。

（2）能根据现金收支业务进行原始凭证的审核与填制。

二、实训资料

1．企业有关情况

（1）单位名称：梁溪凌空股份有限公司（一般纳税人），纳税人识别号：50706876596547A。

（2）法人代表：缪建新；财务主管：庄薇。

（3）会计：林海；出纳员：王风。

（4）单位地址及电话：梁溪市台山路 98 号　82676888

（5）开户行及账号：中国工商银行梁溪台山支行　430008675466338765

2．企业有关经济业务

2020 年 6 月 2 日，该企业有关经济业务如下。

【业务 1】销售产品，收取现金，江苏省增值税专用发票如图表 4-1 所示。

步骤：

（1）审核单据：审核销售发票（见图表 4-1）；

（2）收取款项：清点并复点现金，妥善保管好现金；

（3）开具收据：审核无误后开具收据（见图表 4-2）并加盖现金收讫章；

（4）移交凭证：将本业务单据移交会计林海编制收款凭证（见图表 4-3）；

（5）登日记账：根据审核后的现金收款凭证登记现金日记账（见图表 4-15）；

（6）送存银行：收到的销售商品现金当日送存银行。

▼图表 4-1　江苏省增值税专用发票▼

江苏省增值税专用发票　　　　No 03287212

此联不作报销、扣款使用　　　　开票日期：2020 年 6 月 2 日

购买方	名　　称：梁溪市东方文具用品商店 纳税人识别号：321200456126034 地址、电话：梁溪市中山北路 88 号　84708857 开户行及账号：交通银行第一营业处　2036411380				密码区		
货物或应税劳务名称	规格型号	单位	数量	单价	金额	税率	税额
*金属制品*增压器		台	2	900	1 800.00	13%	234.00
合计					1 800.00		234.00
价税合计（大写）	⊗贰仟零叁拾肆元整　（小写）¥2 034.00						
销售方	名　　称：梁溪凌空股份有限公司 纳税人识别号：507068765965474 地址、电话：梁溪市台山路 98 号 82676888 开户行及账号：中国工商银行梁溪台山支行 430008675466338765				备注		

第一联：记账联　销售方记账凭证

收款人：王风　　复核人：　　开票人：张旭　　销售方：（章）

▼图表 4-2　收据▼

收　据　　　　NO　0008759

年　月　日

交款单位＿＿＿＿＿＿	收款方式＿＿＿＿＿
人民币（大写）＿＿＿＿＿＿＿	¥＿＿＿＿＿
收款事由＿＿＿＿＿＿＿＿＿＿＿＿	
	年　月　日

二　记账联

单位盖章　　财务主管　　记账　　出纳　　审核　　经办

▼图表 4-3　收款凭证▼

收款凭证

借方科目：　　　　　　　　　　　　年　　月　　日　　　　　　　　　____收字 第　　号

摘　要	贷方科目	明细科目	金　额								
			十	万	千	百	十	元	角	分	
合　计											

附单据　张

会计主管　　　　　　记账　　　　　　复核　　　　　　出纳　　　　　　制单

【业务 2】出差费用报销涉及的转账业务与现金收入业务的处理如图表 4-4 所示。

步骤：

（1）指导填单：指导何强填写梁溪凌空股份有限公司出差费用报销单并经领导审核批准。

（2）审核单据：审核何强填写的梁溪凌空股份有限公司出差费用报销单（见图表 4-4）及所附的原始凭证（略）。

（3）收取款项：收回雷民交来的多余款并复点，妥善保管好；开出收据（见图表 4-5）并加盖“现金收讫”印章；将收据付款人联与借款单交给雷民。

（4）移交凭证：将本业务单据移交会计林海编制记账凭证（见图表 4-6、图表 4-7）。

（5）登日记账：根据审核后的现金收款凭证登记现金日记账（见图表 4-15）。

▼图表 4-4 梁溪凌空股份有限公司出差费用报销单▼

梁溪凌空股份有限公司 出差费用报销单

出差事由	去彭城开会				填报日期：2020年6月2日						附件		5张	
月/日	起止时间	起讫地点	车船费		途中补贴	住勤补贴		误餐补贴			旅馆费	市内交通费	行李搬运费	其他
			车次	金额	金额	天数	金额	中	晚	金额				
5/30	午 时 分 午 时 分	梁溪至彭城		160										
6/1	午 时 分 午 时 分	彭城至梁溪		160			540				700			
支出小计				320			540				700			
预支金额	1 600	应付退（√）金额	40		支出金额（大写）		人民币壹仟伍佰陆拾元整							
领导审批	缪建新		财务经理		庄薇		部门经理		张莉		报销人		何强	

▼图表 4-5 收据▼

收 据 NO 0008759

年 月 日

交款单位__________	收款方式________
人民币（大写）__________	¥________
收款事由____________________	
	年 月 日

二 记账联

单位盖章 财务主管 记账 出纳 审核 经办

▼图表 4-6 收款凭证▼

收款凭证

借方科目： 年 月 日 ____收字 第 号

摘 要	贷方科目	明细科目	金额								
			十	万	千	百	十	元	角	分	
合 计											

附单据 张

会计主管 记账 复核 出纳 制单

▼图表 4-7　转账凭证▼

转账凭证

年　月　日　　　　　　　　　　　　转字　第　　号

摘　要	借　方		√	贷　方		√	金　额							
	总账科目	明细科目		总账科目	明细科目		十	万	千	百	十	元	角	分
合　计														

附单据　张

会计主管　　　　　　记账　　　　　　复核　　　　　　制单

【业务 3】从银行提取现金业务的处理（提取现金 20 000 元作为备用金）。

步骤：

（1）查询余额：查询余额，确定银行存款余额大于所要提取的金额；

（2）填登记簿：登记现金支票使用登记簿（略）；

（3）签发支票：根据支票领用单填写中国工商银行现金支票（苏），如图表 4-8 所示；

（4）取现保管：到银行提取现金，回单位后妥善保管好现金；

（5）移交凭证：将本业务单据移交会计林海编制付款凭证（见图表 4-9）；

（6）登日记账：根据审核后的银行付款记账凭证登记现金日记账（见图表 4-15）、银行存款日记账。

▼图表 4-8　中国工商银行现金支票（苏）▼

中国工商银行
现金支票存根　（苏）
VI007366345
附加信息
出票日期　年　月　日

收款人：	
金　额：	
用　途：	

单位主管　　会计

中国工商银行　现金支票（苏）　VI007366345

本支票付款期限十天

出票日期（大写）　　年　月　日　付款行名称：
收款人：　　　　　　　　　　　出票人账号：

人民币（大写）	十	万	千	百	十	元	角	分

用途＿＿＿＿＿＿＿＿
上列款项请从
我账户内支付
出票人签章　　　　　　　　　复核　　　记账

▼图表 4-9　付款凭证▼

付款凭证

贷方科目：　　　　　　　　　　年　月　日　　　　　　　　____收字 第　号

摘　要	借方科目	明细科目	金　额								
			十	万	千	百	十	元	角	分	
合　计											

附单据　张

会计主管　　　　记账　　　　复核　　　　出纳　　　　制单

【业务 4】借出备用金的业务处理如图表 4-10 所示。

步骤：

（1）指导填单：指导吴章填写借款申请单（见图表 4-10）并取得领导审核批准；

（2）审核单据：审核借款申请单，借款人在申请书上签字；

（3）加盖印章：在审核无误后的借款申请单上加盖“现金付讫”印章；

（4）取现支付：取出现金 3 000 元进行复点后付给吴章；

（5）移交凭证：将本业务单据移交会计林海编制付款凭证（见图表 4-11）；

（6）登日记账：根据现金付款记账凭证登记现金日记账（见图表 4-15）。

▼图表 4-10　借款申请单▼

借款申请单

2020 年 6 月 2 日

借款单位	办公室吴章						
用途	出差滨海市预借差旅费						
金额（大写）人民币陆仟元整		¥6 000.00					
还款计划	2020 年 6 月 10 日						
领导批准	缪建新	财务审批	庄薇	部门审批	杨汉东	出纳付款	王风
借款人	吴章		备　注				

▼图表 4-11　付款凭证▼

付款凭证

贷方科目：　　　　　　　　　　年　月　日　　　　　　　　____收字 第　号

摘　要	借方科目	明细科目	金　额								
			十	万	千	百	十	元	角	分	
合　计											

附单据　张

会计主管　　　　记账　　　　复核　　　　出纳　　　　制单

【业务 5】费用报销业务处理如图表 4-12～图表 4-13 所示。

步骤：

（1）指导填单：指导陆浩国填写费用报销单，并经领导审批；

（2）审核单据：审核梁溪凌空股份有限公司费用报销单（见图表 4-12）、江苏省增值税专用发票（见图表 4-13）；在审核无误后的费用报销单上加盖“现金付讫”印章；

（3）支付现金：取出现金并进行复点后付给陆浩国；

（4）移交凭证：将本业务单据移交会计林海编制付款凭证（见图表 4-14）；

（5）根据现金付款记账凭证登记现金日记账（见图表 4-15）。

▼图表 4-12　梁溪凌空股份有限公司费用报销单▼

梁溪凌空股份有限公司费用报销单

购物（或业务往来）日期：2020 年 6 月 2 日			背面附原始凭证 2 张		
内　容		发 票 号	单　价	数　量	金　额
1	咨询服务费				1200.00
2					
3					
4					
备注：					
实报金额（大写）人民币壹仟贰佰元整　　¥1200.00					

领导审批	缪建新	财务经理	左薇	部门经理	方敏	经手人	陆浩国

▼图表 4-13　江苏省增值税专用发票▼

江苏省增值税专用发票

国家税务总局

发票联

No 03287298

开票日期：2020 年 6 月 2 日

购买方	名　　称：梁溪凌空股份有限公司 纳税人识别号：50706876596547A 地址、电话：梁溪市台山路98号　82676888 开户行及账号：中国工商银行梁溪台山支行　430008675466338765	密码区	

货物或应税劳务名称	规格型号	单位	数量	单价	金额	税率	税额
*现代服务*咨询服务费			1	1 132.08	1 132.08	6%	67.92
合计					¥1 132.08		¥67.92
价税合计（大写）	⊗壹仟贰佰元整		（小写）¥1 200.00				

销售方	名　　称：梁溪市财付通财税咨询有限公司 纳税人识别号：643232099663333342P 地址、电话：梁溪市藕塘陆15号　0510-71106688 开户行及账号：中国工商银行无锡通扬支行　6596007522876645	备注	梁溪市财付通财税咨询有限公司 643232099663333342P 发票专用章

收款人：　　复核人：　　开票人：孙娟　　销售方：（章）

第三联：发票联　购买方记账凭证

▼图表 4-14　付款凭证▼

付款凭证

贷方科目：　　　　年　月　日　　　　____收字 第　号

摘　要	借方科目	明细科目	金额								
			十	万	千	百	十	元	角	分	
合　计											

附单据　张

会计主管　　记账　　复核　　出纳　　制单

▼图表 4-15　现金日记账▼

现金日记账

2020 年		凭证号数	对方科目	摘　要	收入（借方）金额	付出（贷方）金额	结存金额
月	日						
				承前页	236 807.00	237 447.00	4 560.00
6	1	现付 1	管理费用	业务招待费		1 250.00	
	1	现收 1	其他应收款	收回多余备用金	360.00		
	1	现付 2	税金及附加	购买印花税票		65.00	
	1	现收 2	主营业务收入等	销售商品	2 852.00		
	1	现付 3	银行存款	缴存银行		2 852.00	
	1			本日合计	3 212.00	4 167.00	3 605.00
				过次页			

三、实训要求

1．根据各项业务处理过程的要求进行现金收支业务过程的模拟演练。

2．本日结束，现金日记账进行日结。

四、实训设计

【形式】三人（出纳员、会计、业务员）一组进行模拟演练，根据经济业务发生情况进行模拟操作，结束后交换角色。

【准备】现金支票 1 张、收据 1 张、收款凭证 2 张、付款凭证 3 张、转账凭证 1 张、日记账 1 页（上述材料已提供，如条件许可，尽量使用仿真材料）。

【评价】本实训项目采用教师评价、学生互评、自我评价相结合的方式，如图表 4-16 所示。

▼图表 4-16　现金收支业务的处理项目评价表▼

现金收支业务的处理项目评价表

阶　段	评 价 项 目	分值（分）	评分（分）
作品完成情况评价	业务 1：填制原始凭证、记账凭证	10	
	业务 2：填制原始凭证、记账凭证	10	
	业务 3：填制原始凭证、记账凭证	10	
	业务 4：填制记账凭证	5	
	业务 5：填制记账凭证	5	
	登记现金日记账	15	
模拟操作评价	自我评价	10	
	学生互评	20	
	教师评价	20	

项目5

银行存款收支业务的处理

出纳员每天要跑银行，办理进账、出账业务，同时将业务单位的收款、付款通知带回单位；出纳员面对的不仅是本单位的人，还要与开户银行的柜台工作人员和协作单位的人员打交道；不仅要熟悉具体的业务流程，还要注意交通安全、财产安全和文明礼仪。一名出色的出纳员，应具备较强的业务能力与沟通技巧，是为企业加速资金周转保驾护航的使者。

同学们，让我们张开羽翼，一起飞翔，共同开启理想之门吧！

一、实训目的

（1）认知各种银行转账结算方式的办理流程。

（2）会填制各种银行结算凭证。

（3）会编制各种结算方式下银行存款收付记账凭证。

二、实训资料

1．企业有关情况

（1）单位名称：梁溪凌空股份有限公司（一般纳税人），纳税人识别号：50706876596547A。

（2）法人代表：缪建新；财务主管：庄薇。

（3）会计：林海；出纳员：王风。

（4）单位地址及电话：梁溪市台山路98号　82676888

（5）开户行及账号：中国工商银行梁溪台山支行　430008675466338765

2．企业有关经济业务

2020年7月23日，该企业有关经济业务如下。

【业务1】收到转账支票的业务处理（见图表5-1～图表5-3）。

▼图表5-1　江苏省增值税专用发票▼

江苏省增值税专用发票　　No　03287212

此联不作报销、扣款使用　　开票日期：2020年7月23日

购买方	名　　称：梁溪市永乐商贸有限公司 纳税人识别号：321254456126907G 地址、电话：梁溪市永乐路125号　65678996 开户行及账号：交通银行梁溪南长支行　203641138000567932	密码区	

货物或应税劳务名称	规格型号	单位	数量	单价	金额	税率	税额
*金属制品*增压器		台	20	900	18 000	13%	2 340
合　计					¥18 000		¥2 340
价税合计（大写）	⊗贰万零叁佰肆拾元整				（小写）¥20 340.00		

销售方	名　　称：梁溪凌空股份有限公司 纳税人识别号：50706876596547A 地址、电话：梁溪市台山路98号　82676888 开户行及账号：中国工商银行梁溪台山支行　430008675466338765	备注	

收款人：王风　　复核人：　　开票人：张丽　　销售方：（章）

第一联：记账联　销售方记账凭证

▼图表 5-2　梁溪凌空股份有限公司销售单（代合同）▼

梁溪凌空股份有限公司

销　售　单（代合同）

地　　址：梁溪市台山路 98 号

电　　话：82676888　　　　No.91622018

客户名称：梁溪永乐商贸有限公司

地址、电话：梁溪市永乐路 125 号 65678996　　　　日期：2020 年 7 月 23 日

编号	名称	单位	数量	单价	金额	备注
	增压器	台	20	1 017.00	20 340.00	
合计　人民币（大写）贰万零叁佰肆拾元整					¥20 340.00	

会计联

销售经理：赵凯　　会计：林海　　经办人：陆国强　　仓库：宋江　　签收人：司凯

▼图表 5-3　中国工商银行转账支票（苏）▼

中国工商银行　转账支票（苏）　　VI0083660754

本支票付款期限十天

出票日期（大写）贰零贰零年柒月贰拾叁日　　付款行名称：中国工商银行梁溪南长支行

收款人：梁溪凌空股份有限公司　　出票人账号：203641138000567932

人民币（大写）	十	万	千	百	十	元	角	分

用途　货款

上列款项请从

我账户内支付

出票人签章　（梁溪永乐商贸有限公司财务专用章）（莫凯荣印）

复核　　记账

步骤：

（1）审核票据：审核销售科开具的江苏省增值税专用发票（见图表 5-1）、梁溪凌空股份有限公司销售单（代合同）（见图表 5-2）和梁溪永乐商贸有限公司业务员交来的中国工商银行转账支票（苏）（见图表 5-3）；

（2）填写支票：填写转账支票上的结算金额，找银行印鉴的保管人员在转账支

票背面加盖公司的预留印并填写结算金额；

（3）加盖印章：在审核无误后的增值税专用发票上加盖“银行收讫”印章，留下发票的记账联，将发票联、抵扣联及提货单交给客户；

（4）填进账单：填写中国工商银行进账单（收账通知），如图表5-4所示，前往开户银行连同支票一并办理进账手续；

（5）移交凭证：将本业务单据移交会计林海编制收款凭证（见图表5-5）；

（6）根据审核后的银行收款记账凭证登记银行存款日记账（见图表5-41）。

▼图表5-4　中国工商银行进账单（收账通知）▼

中国工商银行**进账单**（收账通知）3

年　月　日　　　　第　　号

<table>
<tr><td rowspan="3">出票人</td><td>全　称</td><td colspan="5"></td><td rowspan="3">收款人</td><td>全　称</td><td colspan="6"></td></tr>
<tr><td>账　号</td><td colspan="5"></td><td>账　号</td><td colspan="6"></td></tr>
<tr><td>开户银行</td><td colspan="5"></td><td>开户银行</td><td colspan="6"></td></tr>
<tr><td colspan="2" rowspan="2">人民币（大写）</td><td colspan="4" rowspan="2"></td><td>千</td><td>百</td><td>十</td><td>万</td><td>千</td><td>百</td><td>十</td><td>元</td><td>角</td><td>分</td></tr>
<tr><td></td><td></td><td></td><td></td><td></td><td></td><td></td><td></td><td></td><td></td></tr>
<tr><td colspan="2">票据种类</td><td colspan="3"></td><td colspan="11" rowspan="3">持票人开户行盖章</td></tr>
<tr><td colspan="2">票据张数</td><td colspan="3"></td></tr>
<tr><td colspan="5">单位主管　会计　复核　记账</td></tr>
</table>

此联是收款人开户银行交给收款人的收账通知

▼图表5-5　收款凭证▼

收款凭证

贷方科目：　　　　年　月　日　　　　___收字 第　号

<table>
<tr><td rowspan="2">摘　要</td><td rowspan="2">贷方科目</td><td rowspan="2">明细科目</td><td colspan="8">金　额</td><td rowspan="2"></td></tr>
<tr><td>十</td><td>万</td><td>千</td><td>百</td><td>十</td><td>元</td><td>角</td><td>分</td></tr>
<tr><td></td><td></td><td></td><td></td><td></td><td></td><td></td><td></td><td></td><td></td><td></td><td></td></tr>
<tr><td></td><td></td><td></td><td></td><td></td><td></td><td></td><td></td><td></td><td></td><td></td><td></td></tr>
<tr><td></td><td></td><td></td><td></td><td></td><td></td><td></td><td></td><td></td><td></td><td></td><td></td></tr>
<tr><td></td><td></td><td></td><td></td><td></td><td></td><td></td><td></td><td></td><td></td><td></td><td></td></tr>
<tr><td></td><td></td><td></td><td></td><td></td><td></td><td></td><td></td><td></td><td></td><td></td><td></td></tr>
<tr><td colspan="3">合　计</td><td></td><td></td><td></td><td></td><td></td><td></td><td></td><td></td><td></td></tr>
</table>

附单据　张

会计主管　　记账　　复核　　出纳　　制单

【业务2】以转账支票支付款项的业务处理如图表5-6和图表5-7所示。

▼图表 5-6　梁溪凌空股份有限公司费用报销单▼

梁溪凌空股份有限公司费用报销单

购物（或业务往来）日期：2020 年 7 月 23 日			背面附原始凭证 1 张		
内　容		发 票 号	单 价	数 量	金 额
1	广告费	05787234			9 270.00
2					
3					
实报金额（大写）人民币玖仟贰佰柒拾元整			¥9 270.00		

审批	缪建新	财务经理	左薇	部门经理	苏华	报销人	雍明

▼图表 5-7　江苏省增值税专用发票▼

江苏省增值税专用发票

No　05787234

发　票　联

开票日期：2020 年 7 月 23 日

购买方	名　　称：梁溪凌空股份有限公司 纳税人识别号：50706876596547A 地址、电话：梁溪市台山路 98 号　82676888 开户行及账号：中国工商银行梁溪台山支行　430008675466338765					密码区		
货物或应税劳务名称	规格型号	单位	数量	单价	金额	税率	税额	
*现代服务*广告制作费		项			9 000.00	3%	270.00	
合　　计					¥9 000.00		¥270.00	
价税合计（大写）	⊗玖仟贰佰柒拾元整　　（小写）¥9 270.00							
销售方	名　　称：梁溪市弘毅广告有限公司 纳税人识别号：613202008359966666G 地址、电话：梁溪市江海西路 666 号号　0510-65322666 开户行及账号：交通银行梁溪江海支行　323232099998333					备注	梁溪市弘毅广告有限公司 613202008359966666G 发票专用章	

第三联：发票联　购买方记账凭证

收款人：　　　复核人：　　　开票人：王维　　　销售方：（章）

步骤：

（1）审核票据：审核梁溪凌空股份有限公司费用报销单（见图表 5-6）和江苏省增值税专用发票（见图表 5-7）；

（2）查询余额：查询存款余额，申请支票并登记转账支票使用登记簿（见图表 5-8）；

（3）签发支票：填写中国工商银行转账支票（苏），如图表 5-9 所示，将支票正联交给对方业务员；

（4）移交凭证：将本业务单据移交会计林海编制付款凭证（见图表5-10）；

（5）登日记账：出纳员根据审核后的记账凭证登记银行存款日记账（见图表5-41）。

▼图表5-8　转账支票使用登记簿▼

转账支票使用登记簿

日期	转账支票号码	领用人	金额	用途	备注
2020年7月22日	83660753	杨剑	80 000.00	货款	
2020年7月22日	83660754	李大伟	30 000.00	货款	

▼图表5-9　中国工商银行转账支票（苏）▼

中国工商银行
转账支票存根　（苏）
VI0083660754
附加信息

出票日期　年　月　日

收款人：	
金　额：	
用　途：	

单位主管　　会计

本支票付款期限十天

中国工商银行　转账支票（苏）　　VI0083660754

出票日期（大写）　年　月　日　　付款行名称：

收款人：　　出票人账号：

人民币（大写）	十	万	千	百	十	元	角	分

用途____

上列款项请从

我账户内支付

出票人签章　　复核　　记账

▼图表5-10　付款凭证▼

付款凭证

贷方科目：　　年　月　日　　____收字 第　号

摘　要	借方科目	明细科目	金额 十	万	千	百	十	元	角	分	
合　计											

附单据　张

会计主管　　记账　　复核　　出纳　　制单

【业务 3】办理银行汇票业务（见图表 5-11）。

▼图表 5-11　梁溪凌空股份有限公司付款申请书▼

梁溪凌空股份有限公司付款申请书

2020 年 7 月 23 日

用途	金额											收款单位：彭城沙钢有限公司
支付货款	亿	千	百	十	万	千	百	十	元	角	分	账　　号：320878540067987665
			¥	1	2	0	0	0	0	0	0	开户银行：中国农业银行彭城泰山支行
金额大写（合计）	人民币壹拾贰万元整											电汇□ 转账 □ 汇票☑ 网银□

总经理	缪建新	财务部门	经理	庄薇	经办部门	经理	苏华
			会计	林海		经办人	陆熠

步骤：

（1）审核单据：审核业务员交来的梁溪凌空股份有限公司付款申请书（见图表 5-11）；

（2）查询余额：审核无误后查询存款余额，填制中国工商银行结算业务申请书（见图表 5-12）；

（3）办理汇票：持中国工商银行结算业务申请书前往开户银行，取得银行汇（本）票申请书回单和银行汇票，回单位后将银行汇票交给业务员；

（4）移交凭证：将本业务单据移交会计林海编制付款凭证（见图表 5-13）；

（5）登日记账：根据审核后的银行付款记账凭证登记银行存款日记账（见图表 5-41）。

▼图表 5-12　中国工商银行结算业务申请书▼

中国工商银行结算业务申请书　　　　No 66187654

申请日期　　　年　　月　　日

业务类型		□银行汇票 □银行本票 □电汇	☑转账　　　□现金											
申请人	全称		收款人	全称										
	账号			账号										
	开户行			开户行										
金额	（大写）				千	百	十	万	千	百	十	元	角	分
申请人签章			支付密码											
			附加信息及用途		电汇时选择 普通□ 加急□									

第一联 银行记账凭证

▼图表 5-13 付款凭证▼

付款凭证

贷方科目： 年 月 日 ____收字 第 号

摘要	借方科目	明细科目	金额								
			十	万	千	百	十	元	角	分	
											附单据 张
合计											

会计主管 记账 复核 出纳 制单

【业务 4】以银行汇票采购材料的业务处理如图表 5-14～图表 5-17 所示。

▼图表 5-14 梁溪凌空股份有限公司费用报销单▼

梁溪凌空股份有限公司费用报销单

购物（或业务往来）日期： 2020 年 7 月 23 日			背面附原始凭证 1 张		
内容		发票号	单价	数量	金额
1	货款		40	2 600	104 000.00
2	增值税				13 520.00
3					
实报金额（大写）人民币壹拾壹万柒仟伍佰贰拾元整			¥117 520.00		
审批 缪建新	财务经理 左薇	部门经理	苏华	报销人	雍明

▼图表 5-15 江苏省增值税专用发票▼

江苏省增值税专用发票 No 05787234

发票联 开票日期：2020年7月22日

购买方	名称：梁溪凌空股份有限公司 纳税人识别号：50706876596547A 地址、电话：梁溪市台山路98号 82676888 开户行及账号：中国工商银行梁溪台山支行 430008675466338765				密码区			
货物或应税劳务名称	规格型号	单位	数量	单价	金额	税率	税额	
*金属制品*合金钢		吨	40	2 600.00	104 000.00	13%	13 520.00	
合计					¥104 000.00		¥13 520.00	
价税合计（大写）	⊗壹拾壹万柒仟伍佰贰拾元整			（小写）¥117 520.00				
销售方	名称：彭城沙钢有限公司 纳税人识别号：600567893455372 地址、电话：彭城市泰山路69号 0517-65322349 开户行及账号：中国农业银行彭城泰山支行 320878540067987665				备注	彭城沙钢有限公司 600567893455370 发票专用章		

收款人： 复核人： 开票人：崔强 销售方：（章）

第三联：发票联 购买方记账凭证

▼图表 5-16 彭城沙钢有限公司销售单（代合同）▼

彭城沙钢有限公司

销 售 单（代合同）

地　　址：彭城市泰山路69号

电　　话：0517-65322349 No.7130271

客户名称：梁溪凌空股份有限公司

地址电话： 日期：2020年7月22日

编号	名称	单位	数量	单价	金额	备注
2001	合金钢	吨	40	2 600.00	104 000.00	
合计	人民币（大写）壹拾万零肆仟元整				¥104 000.00	

业务联

销售经理：乐凯 会计：龚莉 经办人：黄芳 仓库：孙娟 签收人：吕明

▼图表 5-17 入库单▼

入 库 单

2020年7月23日

交来单位	彭城沙钢有限公司	仓库	材料01号库	入库日期	2020年7月23日	
编号	名称及规格	单位	数量		金额	
			订购数量	实收数量	单价	金额
	钢材	吨	40	40	2 600.00	104 000.00
	合　计					

部门经理：苏强　　会计：林海　　仓库：张来　　经办人：雍明

步骤：

（1）审核单据：审核业务员交来的梁溪凌空股份有限公司费用报销单（见图表5-14）、江苏省增值税专用发票（见图表5-15）、彭城沙钢有限公司销售单（代合同）（见图表5-16）、入库单（见图表5-17）；

（2）核对金额：将购货金额与原办理的银行汇票金额核对，确定差额款，以备结清余款；

（3）移交凭证：将本业务单据移交会计林海编制转账凭证（见图表5-18）。

▼图表 5-18 转账凭证▼

转账凭证

年　月　日　　　　转字　第　号

摘　要	借　方		√	贷　方		√	金　额							
	总账科目	明细科目		总账科目	明细科目		十	万	千	百	十	元	角	分
合　计														

附单据　张

会计主管　　记账　　复核　　制单

【业务5】收到银行汇票多余款的业务处理如图表5-19所示。

▼图表 5-19 中国工商银行银行汇票（多余款项收账通知）▼

付款期限 壹个月

中国工商银行 XI00448798

银行汇票（多余款项收账通知） 4 第 号

出票日期（大写）：贰零贰零年陆月贰拾捌日

代理付款行：中国农业银行彭城泰山支行

行号：681976003

收款人：彭城沙钢有限公司

账号：320878540067987665

出票金额 人民币（大写）：壹拾贰万元整

实际结算金额 人民币（大写）：壹拾壹万柒仟伍佰贰拾元整

千	百	十	万	千	百	十	元	角	分
	¥	1	1	7	5	2	0	0	0

申请人：梁溪凌空股份有限公司

账号或住址：430008675466338765

出票行：中国工商银行梁溪台山支行

备注：货款

收款行盖章

复核 经办

多余金额

千	百	十	万	千	百	十	元	角	分
			¥	2	4	8	0	0	0

中国工商银行 梁溪台山支行 2020.7.23 办讫章 （02）

科目（贷）________

对方科目（借）________

转账日期： 年 月 日

复核 记账

步骤：

（1）审核单据：审核银行转来的中国工商银行银行汇票（多余款项收账通知）（见图表 5-19），与采购业务票据进行核对；

（2）移交凭证：将本业务单据移交会计林海编制收款凭证（见图表 5-20）；

（3）登日记账：根据审核后的银行收款记账凭证登记银行存款日记账（见图表 5-41）。

▼图表 5-20　收款凭证▼

收款凭证

贷方科目：　　　　　　　　　　年　月　日　　　　　　＿＿收字 第　　号

摘　要	贷方科目	明细科目	金额								
			十	万	千	百	十	元	角	分	
合　计											

附单据　张

会计主管　　　　　　记账　　　　　　复核　　　　　　出纳　　　　　　制单

【业务 6】销售商品收到银行汇票的业务处理如图表 5-21～图表 5-24 所示。

▼图表 5-21　江苏省增值税专用发票▼

江苏省增值税专用发票

No　03287311

此联不作报销、扣款使用　　　　　开票日期：2020 年 7 月 23 日

购买方	名　　称：南海华瑞贸易有限公司 纳税人识别号：231254456127356 地址、电话：南海区向阳路 12 号　42708458 开户行及账号：中国农业银行南海海峡支行　435646411667	密码区	

货物或应税劳务名称	规格型号	单位	数量	单价	金额	税率	税额
*金属制品*增压器		台	200	400	80 000.00	13%	10 400.00
合　计					80 000.00		10 400.00
价税合计（大写）	⊗玖万零肆佰元整　　（小写）¥90 400.00						

销售方	名　　称：梁溪凌空股份有限公司 纳税人识别号：50706876596547A 地址、电话：梁溪市台山路 98 号　82676888 开户行及账号：中国工商银行梁溪台山支行　430008675466338765	备注	

第一联：记账联　销售方记账凭证

收款人：王风　　　　复核人：王凯　　　　开票人：杨芳　　　　销售方：（章）

▼图表 5-22　梁溪凌空股份有限公司销售单（代合同）▼

梁溪凌空股份有限公司

销 售 单（代合同）

地　　址：梁溪市台山路 98 号

电　　话：0510-85433576　　　　No.91622067

客户名称：南海华瑞贸易有限公司

地址、电话：南海市向阳路 12 号 42708458　　　　日期：2020 年 7 月 23 日

编号	名称	单位	数量	单价	金额	备注
	增压器	台	20	400.00	80 000.00	
合计　人民币（大写）捌万元整					¥80 000.00	

会计联

销售经理：赵凯　　会计：林海　　经办人：陆国强　　仓库：宋江　　签收人：司凯

▼图表 5-23　中国农业银行银行汇票▼

付款期限 壹 个 月

中国农业银行

银 行 汇 票　2　　　　XI03243234 第　号

出票日期（大写）　贰零贰零年柒月零贰日　　　　代理付款行：中国工商银行梁溪台山支行　行　号：54078765

收款人：梁溪凌空股份有限公司		账　号：430008675466338765									
出票金额	人民币（大写）	壹拾万元整									
实际结算金额	人民币（大写）	千	百	十	万	千	百	十	元	角	分

申请人：南海华瑞贸易有限公司　　　　账号或住址：435646411667

出票行：中国农业银行南海海峡支行

备　注：贷款

凭票付款

出票行签章

（印章：中国农业银行南海海峡支行 303507902659 汇票专用章）

科目（借）______

对方科目（贷）______

兑付日期：2020 年 8 月 2 日

复核　　　　记账

▼图表 5-24　中国农业银行银行汇票（解讫通知）▼

付款期限
壹 个 月

中国农业银行　　XI03243234

银 行 汇 票（解讫通知）　3　　第　号

出票日期（大写）　贰零贰零年柒月零贰日　　代理付款行：中国工商银行梁台山支行
行　号：54078765

收款人：梁溪凌空股份有限公司			账　号：430008675466338765									
出票金额	人民币（大写）壹拾万元整											
实际结算金额	人民币（大写）		千	百	十	万	千	百	十	元	角	分

申请人：南海华瑞贸易有限公司　　账号或住址：435646411667

出票行：中国农业银行南海海峡支行
备　注：货款
凭票付款
出票行签章

中国农业银行南海海峡支行
303507902659
汇票专用章

多余金额									
千	百	十	万	千	百	十	元	角	分

科目（贷）＿＿＿＿＿＿
对方科目（借）＿＿＿＿＿＿
转账日期：2020 年 7 月 2 日
复核　　　　记账

步骤：

（1）审核单据：审核销售科开具的江苏省增值税专用发票（见图表 5-21）、梁溪凌空股份有限公司销售单（代合同）（见图表 5-22）和异地南海区华瑞公司业务员交来的中国农业银行银行汇票（见图表 5-23、图表 5-24）；

（2）填写金额：填写银行汇票上的结算金额和多余金额；

（3）填进账单：填制中国工商银行进账单（收账通知）（见图表 5-25），前往开户银行连同银行汇票一并办理进账手续；

（4）移交凭证：将本业务单据移交会计林海编制收款凭证（见图表 5-26）；

（5）登日记账：根据审核后的银行收款记账凭证登记银行存款日记账（见图表 5-41）。

▼图表 5-25　中国工商银行进账单（收账通知）▼

中国工商银行**进账单**（收账通知）

年　月　日　　　　第　　号

出票人	全　称		持票人	全　称										
	账　号			账　号										
	开户银行			开户银行										
人民币（大写）					千	百	十	万	千	百	十	元	角	分
票据种类		票据张数												
票据号码														
复核　记账			开户行签章											

▼见表 5-26　收款凭证▼

收款凭证

借方科目：　　　年　月　日　　　____收字 第　号

摘　要	贷方科目	明细科目	金额								
			十	万	千	百	十	元	角	分	
											附单据　张
合　计											

会计主管　　记账　　复核　　出纳　　制单

【业务 7】银行转来的托收凭证业务处理如图表 5-27 所示。

▼图表 5-27　中国工商银行托收凭证（付款通知）▼

ICBC 中国工商银行　**托收凭证**　（付款通知）　5

委托日期 2020 年 7 月 18 日　　第　号

<table>
<tr><td colspan="2">业务类型</td><td colspan="6">委托收款（☐邮划、☑电划）　托收承付（☐邮划、☐电划）</td></tr>
<tr><td rowspan="4">收款人</td><td>全　称</td><td colspan="2">常州蓝天有限公司</td><td rowspan="4">付款人</td><td>全　称</td><td colspan="2">梁溪凌空股份有限公司</td></tr>
<tr><td>账　号</td><td colspan="2">2043153445 6566633352</td><td>账　号</td><td colspan="2">430008675466338765</td></tr>
<tr><td>开户行</td><td colspan="2">中国工商银行常州郊区支行</td><td>开户行</td><td colspan="2">中国工商银行梁溪台山支行</td></tr>
<tr><td>地　址</td><td colspan="2">常州市芳桥路19号</td><td>地　址</td><td colspan="2">梁溪市台山路98号</td></tr>
<tr><td colspan="2" rowspan="2">金　额</td><td rowspan="2">人民币（大写）</td><td colspan="3" rowspan="2">壹拾贰万元整</td><td>千 百 十 万 千 百 十 元 角 分</td><td></td></tr>
<tr><td>¥ 1 2 0 0 0 0 0 0</td><td></td></tr>
<tr><td colspan="2">款项内容</td><td>货款</td><td>托收凭据名称</td><td colspan="2">银行承兑汇票</td><td>附寄单证张数</td><td>1</td></tr>
<tr><td colspan="2">商品发运情况</td><td colspan="4">已发</td><td>合同名称号码</td><td>编号 202004223</td></tr>
<tr><td colspan="3">备注：
复核　　记账</td><td colspan="3">款项收妥日期
年　月　日</td><td colspan="2">收款人开户银行签章
月　日</td></tr>
</table>

此联是付款人开户银行给付款人的付款通知

步骤：

（1）查看备款：出纳员应及时查看银行承兑汇票是否到期，在票据到期前将足额的票款存入存款账号；

（2）审核单据：出纳员从银行取得中国工商银行托收凭证（付款通知），如图表 5-27 所示，核对付款通知和银行承兑汇票的相关信息，确认无误后，银行把款项转给收款人；

（3）移交凭证：将本业务单据移交会计林海编制付款凭证（见图表 5-28）；

（4）登日记账：根据审核后的银行收款记账凭证登记银行存款日记账（见图表 5-42）。

▼图表 5-28　付款凭证▼

付款凭证

贷方科目：　　　　　　　　　年　　月　　日　　　　　　　____收字 第　　号

摘　　要	借方科目	明细科目	金　　额								
			十	万	千	百	十	元	角	分	
合　　计											

附单据　　张

会计主管　　　　　　记账　　　　　　复核　　　　　　出纳　　　　　　制单

【业务 8】托收银行承兑汇票款业务办理如图表 5-29 所示。

▼图表 5-29　银行承兑汇票▼

银行承兑汇票　2　　　　40207045

2056872

出票日期（大写）贰零贰零年零壹月贰拾叁日

出票人全称	苏州虎丘文具有限公司	收款人	全　　称	梁溪凌空股份有限公司
出票人账号	4256464117767772		账　　号	430008675466338765
付款行名称	中国银行苏州虎丘路支行		开户银行	中国工商银行梁溪台山支行

出票金额	人民币（大写）陆万元整	千	百	十	万	千	百	十	元	角	分
				¥	6	0	0	0	0	0	0

票据到期日（大写）	贰零贰零年柒月贰拾叁日	付款行	行号	2035079027822
承兑协议编号	银承兑 202094 号		地址	中国银行苏州支行

本汇票请你行承兑，到期无条件付款。	本汇票已经承兑，到期日由本行付款。	密押
苏州虎丘文具有限公司财务专用章　朱松涛印 出票人签章	承兑行签章 中国银行苏州虎丘路支行 2035079027822 汇票专用章 承兑日期　　年　　月　　日	复核　　　　记账

▼图表 5-30　银行承兑汇票背面▼

背书人	被背书人
委托收款　梁溪凌空股份有限公司财务专用章　缪建新印 背书人签章 年　月　日	背书人签章 年　月　日

步骤：

（1）提示付款：出纳员应定期查看相关备查簿，对即将到期的银行承兑汇票向承兑银行提示付款（汇票到期日起 10 日内）；

（2）填制托收凭证：出纳员应先在银行承兑汇票背面的“背书人签章处”加盖银行预留印鉴并注明“委托收款”字样（见图表 5-30）；填制中国工商银行托收凭证（贷方凭证），如图表 5-31 所示，并在第二联上加盖银行印鉴；

（3）办理托收：出纳员先将银行承兑汇票复印两份（一份交会计，另一份自己保管）；前往银行将中国工商银行托收凭证和银行承兑汇票交银行办理委托并取回托收凭证回单联；

（4）款项回笼：款项到达单位账户后，出纳员会在银行柜台取得中国工商银行托收凭证收款通知（见图表 5-32）；

（5）移交凭证：将本业务单据移交会计林海编制收款凭证（见图表 5-33）；

（6）登日记账：根据审核后的银行收款记账凭证登记银行存款日记账（见图表 5-41）。

▼图表 5-31　中国工商银行托收凭证（贷方凭证）▼

ICBC 中 国 工 商 银 行　托收凭证　（贷方凭证 ）　2

委托日期　年　月　日　　第　号

业务类型	委托收款（□邮划、☑电划）　托收承付（□邮划、□电划）					
收款人	全 称		付款人	全 称		
	账 号			账 号		
	地 址	省　市　开户行		地 址	省　市　开户行	
金 额	人民币（大写）			千 百 十 万 千 百 十 元 角 分		
款项内容		托收凭据名称		附寄单证张数		
商品发运情况				合同名称号码		
备注 收款人开户银行收到日期 年　月　日	上列款项随附有关债务证明，请予办理。 收款人签章			复核　记账		

此联是收款人开户银行作贷方凭证

▼图表 5-32　中国工商银行托收凭证（收款通知）▼

ICBC 中 国 工 商 银 行　托收凭证　（收款通知 ）　4

委托日期 2020 年 7 月 23 日　　第　号

业务类型	委托收款（□邮划、☑电划）　托收承付（□邮划、□电划）					
收款人	全 称	梁溪凌空股份有限公司	付款人	全 称	苏州虎丘文具有限公司	
	账 号	430008675466338765		账 号	4256464117767772	
	地 址	江苏省梁溪市　开户行　中国工商银行梁溪台山支行		地 址	江苏省苏州市　开户行　中国银行苏州虎丘路支行	
金 额	人民币（大写）陆万元整			千 百 十 万 千 百 十 元 角 分 ¥ 6 0 0 0 0 0 0		
款项内容	货款	托收凭据名称	银行承兑汇票	附寄单证张数	1	
商品发运情况				合同名称号码		
备注 收款人开户银行收到日期 年　月　日	上列款项已划回收入你方账户 收款人行开户行签章 [2085079027822 业务专用章] 收款人签章			复核　记账		

此联是收款人开户银做收款通知

▼图表 5-33 收款凭证▼

收款凭证

借方科目：　　　　　　　　　　　年　月　日　　　　　　＿＿收字 第　号

摘　要	贷方科目	明细科目	金　额								
			十	万	千	百	十	元	角	分	
合　计											

附单据　张

会计主管　　　　记账　　　　复核　　　　出纳　　　　制单

【业务 9】网银缴纳付款业务处理如图表 5-34、图表 5-35 所示。（注：图表 5-35 显示部分职工缴存住房公积金明细，其余略）

▼图表 5-34 中国工商银行单位客户专用回单▼

ICBC 中国工商银行单位客户专用回单　　No 598

币别：人民币　　　　2020 年 7 月 23 日　　　　流水号：27654487367272867432

付款人 全 称	梁溪凌空股份有限公司	收款人 全 称	惠山区公积金网上缴费银行托收挂账账户	
账 号	430008675466338765	账 号	320688999000653002	
开户行	中国工商银行梁溪台山支行	开户行	中国工商银行无锡惠山区支行营业部	
金 额	人民币（大写）陆万贰仟叁佰陆拾捌元整	千 百 十 万 千 百 十 元 角 分	¥ 6 2 3 6 8 0 0	
凭证种类	电子转账凭证	凭证号码	46653746818	
结算方式	转账	用　途	住房公积金托收	
		打印柜员：320654202 打印机构：中国工商银行无锡建业支行 打印卡号：432000000012674 中国工商银行无锡建业支行 电子回单 专用章		

（借方凭证）（付款人回单）

打印时间：2020-7-25　　　　交易柜员　　　　交易机构：32176813

▼图表 5-35　梁溪凌空股份有限公司住房公积金缴存单位汇补明细▼

梁溪凌空股份有限公司住房公积金缴存单位汇补明细

单位名称		梁溪凌空股份有限公司				
单位公积金代码		680033656				
序号	个人公积金账号	姓名	业务类别	汇补缴金额	缴存月份	入账日期
1	2065466326	洪凯生	汇缴	2 468	202007	20200723
2	8005487627	肖敏	汇缴	1 732	202007	20200723
3	3245879254	祝云	汇缴	846	202007	20200723
4	9067452522	袁红萍	汇缴	1 656	202007	20200723
5	1337865430	许佳敏	汇缴	984	202007	20200723
6	7653422906	龚丽	汇缴	638	202007	20200723
以下略						

步骤：

（1）录入清册：根据当月职工住房公积金扣缴情况，登录住房公积金公共服务平台录入当月变更和调整情况，进行汇缴录入；

（2）划拨款项：根据当月住房公积金代扣金额，将住房公积金汇缴款划拨到住房公积金的指定银行账户中；

（3）审核单据：审核银行回单并与汇缴清册核对，如图表 5-34、图表 5-35 所示；

（4）移交凭证：将本业务单据移交会计编制付款凭证（见图表 5-36）；

（5）登日记账：根据审核后的记账凭证登记银行存款日记账（见图表 5-42）。

▼图表 5-36　付款凭证▼

付款凭证

贷方科目：　　　　　　　　年　月　日　　　　　____收字 第　号

摘　要	借方科目	明细科目	金额								
			十	万	千	百	十	元	角	分	
											附单据
											张
合　计											

会计主管　　　　记账　　　　复核　　　　出纳　　　　制单

【业务 10】网银支付所欠货款的业务处理如图表 5-37 所示。

▼图表 5-37　付款申请书▼

付款申请书

2020 年 7 月 23 日

用途及情况	金额											收款单位：梁溪市滨湖钢管有限公司
支付欠货款	亿	千	百	十	万	千	百	十	元	角	分	账　号：32323209977700342
				¥	5	6	5	0	0	0	0	开户行：交通银行无锡滨湖支行
金额大写（合计）	人民币伍万陆仟伍佰元整											电汇□　转账□　汇票□　网银☑　其他□

总经理	缪建新	财务部门	经理	庄薇	经办部门	经理	王峰
			会计	林海	银行付讫	经办人	鲁基业

步骤：

（1）审核单据：审核需经领导批准的付款申请书；

（2）网银支付：按管理权限进行网银支付；

（3）取得回单：网上交易成功后，出纳员在网上银行查找已经付款的信息，并打印银行回单，如图表 5-38 所示。（注：此回单出纳员也可以在交易成功后的第二天到银行柜台取回）；

（4）移交凭证：将本业务单据移交会计林海编制付款凭证（见图表 5-39）；

（5）登日记账：根据审核后的银行收款记账凭证登记银行存款日记账（见图表 5-41 所示）。

▼图表 5-38　中国工商银行单位客户专用回单▼

ICBC 中国工商银行单位客户专用回单　　No 598

币别：人民币　　2020 年 7 月 23 日　　流水号：276544873672786743

付款人	全称	梁溪凌空股份有限公司	收款人	全称	梁溪市滨湖钢管有限公司
	账号	430008675466338765		账号	32323209977700342
	开户行	中国工商银行梁溪台山支行		开户行	交通银行无锡滨湖支行

金额	人民币（大写）伍万陆仟伍佰元整	千	百	十	万	千	百	十	元	角	分
				¥	5	6	5	0	0	0	0

凭证种类	电子转账凭证	凭证号码	46653746818
结算方式	转账	用途	货款

打印柜员：320654202
打印机构：中国工商银行无锡建业支行
打印卡号：432000000012765

电子回单专用章

（借方凭证）（付款人回单）

打印时间：2020-7-23　　交易柜员　　交易机构：32176813

▼图表 5-39 付款凭证▼

付款凭证

贷方科目：　　　　　　　　年　月　日　　　　　____收字 第　号

摘要	借方科目	明细科目	金额								
			十	万	千	百	十	元	角	分	
合计											

附单据　张

会计主管　　　　记账　　　　复核　　　　出纳　　　　制单

【业务 11】网银收款业务处理如图表 5-40 所示。

▼图表 5-40 中国工商银行单位客户专用回单▼

ICBC 中国工商银行单位客户专用回单　　　　**No 963**

币别：人民币　　　　2020 年 7 月 23 日　　　　流水号：27654487367278696543

付款人		收款人	
全称	梁溪市江海贸易有限公司	全称	梁溪凌空股份有限公司
账号	20431534450005632228	账号	430008675466338765
开户行	中国工商银行梁溪旺庄路支行	开户行	中国工商银行梁溪台山支行

金额	人民币（大写）伍万陆仟伍佰元整	千	百	十	万	千	百	十	元	角	分
				¥	5	6	5	0	0	0	0

凭证种类	电子转账凭证	凭证号码	2202486535
结算方式	转账	用途	货款

打印柜员：320654202

打印机构：中国工商银行无锡建业支行

打印卡号：432000000012986

（借方凭证）（付款人回单）

打印时间：2020-7-23　　　　交易柜员　　　　交易机构：32176813

步骤：

（1）审核单据：审核从银行取得的回单并核对往来明细账；

（2）移交凭证：将本业务单据移交会计林海编制付款凭证（见图表 5-41）；

（3）登日记账：根据审核后的记账凭证登记银行存款日记账（见图表 5-42）。

▼图表 5-41　银行存款日记账▼

银行存款日记账

金额单位：元

2020年		凭证号数	对方科目	摘　要	收入（借方）金额	付出（贷方）金额	结存金额
月	日						
7				承前页	1 569 874	1 385 352	1 710 602
	22	银收32	应收账款	力远公司货款	211 600		
	22	银付76	销售费用等	弘毅单页广告		64 500	
				本日合计	211 600	64 500	1 857 702
				过次页			

三、实训要求

1．根据各项业务处理过程的要求进行银行收支业务过程的模拟演练。

2．本日结束，银行日记账进行日结。

四、实训设计

【形式】三人（出纳员、制单、业务员）一组进行模拟演练，根据经济业务发生的情况进行模拟操作，结束后交换角色。

【准备】转账支票1张、结算申请书1张、进账单2张、托收凭证1张、收款凭证 5 张、付款凭证 5 张、转账凭证 1 张、日记账 1 页（提供上述材料，如果条件许可，尽量使用仿真材料）。

【评价】本实训项目采用教师评价、学生互评、自我评价相结合的方式（见图表 4-42）。

▼图表 5-42　银行存款收支业务的处理项目评价表▼

银行存款收支业务的处理项目评价表

阶段	评价项目	分值（分）	评分（分）
作品完成情况评价	业务 1：填制原始凭证、记账凭证	9	
	业务 2：填制原始凭证、记账凭证	9	
	业务 3：填制原始凭证、记账凭证	9	
	业务 4：填制记账凭证	6	
	业务 5：填制记账凭证	3	
	业务 6：填制原始凭证、记账凭证	6	
	业务 7：填制记账凭证	3	
	业务 8：填制原始凭证、记账凭证	6	
	业务 9：填制记账凭证	3	
	业务 10：填制记账凭证	3	
	业务 11：填制记账凭证	3	
	登记银行存款日记账	10	
模拟操作评价	自我评价	6	
	学生互评	10	
	教师评价	14	

项目 6

日记账的登记

出纳员除了进行货币的收支和原始凭证的填制与审核外，还应登记日记账。日记账登记的质量是衡量出纳员业务水平的重要标志。

日记账的登记包括三方面内容：日记账的启用、现金日记账的登记和银行存款日记账的登记。日记账登记实训选用的是公司的实际案例，同学们将在本项目的学习中身临其境，感受到真实的职场，“山至高处人为峰，海到尽头天是岸”，如果你准备冲刺，如果你渴望学到出纳的核心内容，就让我们一起向山顶迈进吧！你愿意接受挑战吗？

实训1　现金日记账的登记

一、实训目的

（1）会根据审核无误的记账凭证登记现金日记账。

（2）会进行现金日记账的日结和月结；会对日记账进行转页处理。

二、实训资料

（1）梁溪凌空股份有限公司 2020 年 7 月 1 日现金日记账的发生额及结存金额如下：

① 现金日记账第×页第 1 行的资料：时间为 7 月 1 日；摘要为“承前页”；借方金额为 87 250 元；贷方金额为 86 848 元；借方余额为 4 770 元。

② 现金日记账第 12 行资料：7 月 1 日结账时收入（借方）发生额是 110 650 元，付出（贷方）发生额是 108 667 元，结存金额是 6 351 元（库存限额是 15 000 元）。

（2）2020 年 7 月 2 日，会计林海根据 7 月 1 日的现金收支业务填制记账凭证（见图表 6-1～图表 6-3）。

▼图表 6-1　付款凭证▼

付款凭证

贷方科目：库存现金　　　　2020 年 7 月 2 日　　　　现付字第 1 号

摘　要	借方科目	明细科目	金　额								√
			十	万	千	百	十	元	角	分	
支付备用金	其他应收款	杨影			3	0	0	0	0	0	
合　计				¥	3	0	0	0	0	0	

单据 1 张

会计主管　　记账　　复核 庄薇　　出纳 王风　　制单 林海

▼图表6-2 付款凭证▼

付款凭证

借方科目：银行存款　　　　2020年7月2日　　　　银付字第1号

摘　　要	贷方科目	明细科目	金额								√
			十	万	千	百	十	元	角	分	
提取现金	库存现金			1	0	0	0	0	0	0	
合　　计			¥	1	0	0	0	0	0	0	

单据1张

会计主管　　　记账　　　复核 左薇　　　出纳 王风　　　制单 林海

▼图表6-3 简化记账凭证▼

简化记账凭证

时间	编号	摘要	会计分录	记账符号
7.2	现付2	职工报销培训费	借：应付职工薪酬——教育经费　1 450 贷：库存现金　1 450	
2	现付3	修理费	借：管理费用——修理费　650 应交税费——应交增值税（进项税额）　84.50 贷：库存现金　734.50	
2	现付4	购入A4纸	借：管理费用——办公费　820 应交税费——应交增值税（进项税额）　106.60 贷：库存现金　926.60	
2	现付5	职工报销幼托费	借：应付职工薪酬——教育经费　600 贷：库存现金　600	
2	现收1 转账1	收回多余备用金 报销差旅费	借：库存现金　320 贷：其他应收款——备用金　320 借：管理费用——差旅费　1 680 贷：其他应收款——备用金　1 680	
2	现收2	零星销售商品	借：库存现金　904 贷：主营业务收入　800 应交税费——应交增值税（销项税额）　104	
2	现收3	销售材料收入	借：库存现金　361.60 贷：其他业务收入　320 应交税费——应交增值税（销项税额）　41.60	

续表

时间	编号	摘要	会计分录	记账符号
2	现付6	业务招待费	借：管理费用——业务招待费 1 760 贷：库存现金 1 760	
2	现收4	职工交来赔偿款	借：库存现金 450 贷：其他应收款——李伟 450	
2	现付7	销售款存入银行	借：银行存款——基本户 1 310.40 贷：库存现金 1 310.40	

三、实训要求

（1）根据资料登记现金日记账，在现金日记账第×页（见图表6-4）第一行登记“承前页”金额。

（2）在现金日记账第×页（见图表6-4）第12行登记7月1日的发生额及结存金额，并画通栏红线。

（3）从13行起根据7月2日的记账凭证登记库存现金日记账（见图表6-4、图表6-5）。

（4）×账页记满时，应办理转页手续。

（5）结出7月2日的发生额及结存金额，并画通栏红线。

四、实训设计

【形式】学生在教师指导下开设现金日记账并在指定行登记现金日记账。

【准备】给每位学生提供现金日记账1页。

【评价】本实训项目由教师评价，现金日记账登记项目评价表如图表6-6所示。

五、训练单据

▼图表6-4 现金日记账▼

现金日记账

×

金额单位：元

年		凭证号数	对方科目	摘要	收入（借方）金额	付出（贷方）金额	结存金额
月	日						
				承前页			
				过次页			

▼图表 6-5　现金日记账▼

现金日记账

×+1

金额单位：元

年		凭证号数	对方科目	摘　要	收入（借方）金额	付出（贷方）金额	结存金额
月	日						
				承前页			
				过次页			

▼图表 6-6　现金日记账登记项目评价表▼

现金日记账登记项目评价表

评 价 项 目	分值（分）	评分（分）
承上页登记（2×5）	10	
1 日本日合计	5	
2 日日记账登记（12×5）	60	
日记账转页	5	
2 日本日合计	10	
日记账账面整洁	10	
合　　计	100	

实训 2　银行存款日记账的登记

一、实训目的

（1）会根据审核无误的记账凭证登记银行存款日记账。

（2）会进行银行存款日记账的日结和月结；会对日记账进行转页处理。

二、实训资料

（1）梁溪凌空股份有限公司银行存款日记账（基本户）2020 年 6 月的发生额及结存金额如下：

① 银行存款日记账 6 月 1 日余额为 1 423 687 元；银行存款日记账第×页第 1 行的资料：时间为 6 月 29 日；摘要为“承前页”；借方金额为 972 675 元；贷方金额为 965 487 元；借方余额为 1 430 875 元。

② 银行存款日记账第×页第 15 行的资料：摘要为“本日合计”；借方金额为 1 456 890 元；贷方金额为 1 387 680 元；借方余额为 1 500 085 元。

（2）会计林海根据 6 月 30 日银行收支业务填制的记账凭证如图表 6-7～图表 6-9 所示。（注：为节约版面，图表 6-9 为简化记账凭证。）

▼图表 6-7　付款凭证▼

付款凭证

贷方科目：银行存款　　　　2020 年 6 月 30 日　　　　银付字第 58 号

摘　要	借方科目	明细科目	金额								√
			十	万	千	百	十	元	角	分	
办理银行汇票	其他货币资金	汇票存款		2	0	0	0	0	0	0	
合　计			¥	2	0	0	0	0	0	0	

单据 1 张

会计主管　　记账　　复核 庄薇　　出纳 王风　　制单 林海

▼图表 6-8　收款凭证▼

收款凭证

借方科目：银行存款　　　　2020 年 6 月 30 日　　　　银付字第 21 号

摘　要	贷方科目	明细科目	金额								√
			十	万	千	百	十	元	角	分	
收回前欠货款	应收账款	华东机械		6	0	0	0	0	0	0	
合　计			¥	6	0	0	0	0	0	0	

单据 1 张

会计主管　　记账　　复核 庄薇　　出纳 王风　　制单 林海

▼图表 6-9 简化记账凭证▼

简化记账凭证

时间	编号	摘要	会计分录	记账符号
6.30	银收 22	销售商品	借：银行存款——基本户 141 250 贷：主营业务收入 125 000 应交税费——应交增值税（销项税额） 16 250	
30	银付 59	付第二季度利息	借：应付利息 23 000 财务费用 15 783 贷：银行存款——基本户 38 783	
30	银付 60	付第三季度保险费	借：预付账款——太平洋保险公司 45 000 应交税费——应交增值税（进项税额） 2 700 贷：银行存款——基本户 47 700	
30	银收 23	预收货款	借：银行存款——基本户 250 000 贷：预收账款——东方制造 250 000	
30	银收 24	上月汇票款入账	借：银行存款——基本户 150 000 贷：应收票据——广发贸易 150 000	
30	银付 61	购入材料	借：原材料——方钢 186 000 应交税费——增值税（进项税额） 24 180 贷：银行存款——基本户 210 180	
30	银收 25	利息收入	借：银行存款——基本户 1 456.86 贷：财务费用——利息 1 456.86	
30	银付 62	提取现金	借：库存现金 20 000 贷：银行存款——基本户 20 000	
30	银付 63	付货款	借：在途物资——圆钢 96 000 应交税费——应交增值税（进项税额） 12 480 贷：银行存款——基本户 108 480	
30	银付 64	购进设备	借：在建工程——T3 机床 276 000 应交税费——应交增值税（进项税额） 35 880 贷：银行存款——基本户 311 880	

三、实训要求

（1）根据资料登记银行存款日记账，在银行存款日记账第×页（见图表 6-10）第一行登记“承前页”金额；第 15 行登记 6 月 29 日“本日合计”金额。

（2）从 16 行起根据 6 月 30 日的记账凭证登记银行存款日记账（见图表 6-10、图表 6-11）。

（3）账页记满时，应办理转页手续。

（4）结出 6 月 30 日的发生额及结存金额，并画通栏红线。

（5）结出 6 月份的发生额及结存金额，并画通栏红线。

四、实训设计

【形式】学生在教师指导下开设银行存款日记账，并在指定行登记银行存款日记账。

【准备】给每位学生提供现金日记账 1 页。

【评价】本实训项目由教师评价，银行日记账登记项目评价表如图表 6-12 所示。

五、训练单据

▼图表 6-10 银行存款日记账▼

银行存款日记账 ×

金额单位：元

年		凭证号数	对方科目	摘　要	收入（借方）金额	付出（贷方）金额	结存金额
月	日						
				承前页			
				过次页			

▼图表 6-11 银行存款日记账▼

银行存款日记账

×+1

年		凭证号数	对方科目	摘　要	收入（借方）金额	付出（贷方）金额	结存金额
月	日						
				承前页			
				过次页			

▼图表 6-12 银行日记账登记项目评价表▼

银行日记账登记项目评价表

评 价 项 目	分值（分）	评分（分）
承前页登记	5	
29 日本日合计	5	
30 日日记账登记（13×5）	65	
日记账转页	5	
30 日本日合计	5	
30 日本月合计	5	
日记账账面整洁	10	
合　计	100	

实训3 编制单据移交表

一、实训目的

会编制单据移交表。

二、实训资料

2020年8月8日，出纳员王风下班前将当日相关凭据进行整理，编制单据移交表交会计林海。

【业务1】如图表6-13所示。

▼图表6-13 借款申请单▼

借款申请单

2020年8月8日

借款单位	销售科刘涛						
用途	出差姑苏市预借差旅费						
金额（大写）人民币陆仟元整		¥6 000.00				现金付讫	
还款计划	2020年8月18日						
领导批准	缪建新	财务审批	庄薇	部门审批	许进	出纳付款	王风
借款人	刘涛		备　注				

【业务2】如图表6-14所示。

▼图表 6-14　梁溪凌空股份有限公司出差费用报销单▼

梁溪凌空股份有限公司出差费用报销单

出差事由	参加南京订货会			填报日期：2020年8月8日						附原始凭证 4 张				
月/日	起止时间	起讫地点	车船费		途中补贴	住勤补贴		误餐补贴			旅馆费	市内交通费	行李搬运费	其他
			车次	金额	金额	天数	金额	中	晚	金额				
8/4	午 时 分 午 时 分	梁溪至金陵		90										1 800
8/7	午 时 分 午 时 分 午 时 分	金陵至梁溪		90		2	400				960			
/	午 时 分 午 时 分	至												
支出小计				180			600				560			1 800
预支金额	3 000	应（付 √）退金额	140		支出金额（大写）		人民币叁仟壹佰肆拾元整							
领导审核	缪建新		财务经理		庄薇		部门经理		郭怀		报销人		杨建	

（附件4张从略）

【业务3】 如图表6-15所示。

▼图表 6-15　中国工商银行单位客户专用回单▼

ICBC 中国工商银行单位客户专用回单　　No 963

币别：人民币　　2020年8月8日　　流水号：27654487367278696 1118

付款人	全称	梁溪江海贸易有限公司	收款人	全称	梁溪凌空股份有限公司
	账号	2043153445000563228		账号	4300086754663387 65
	开户行	中国工商银行梁溪旺庄路支行		开户行	中国工商银行梁溪台山支行
金额		人民币（大写）壹万贰仟伍佰元整		千 百 十 万 千 百 十 元 角 分	¥ 1 2 5 0 0 0 0
凭证种类		电子转账凭证	凭证号码		2202486535
结算方式		转账	用途		货款

打印柜员：320654202

打印机构：中国工商银行无锡建业支行

打印卡号：432000000012986

电子回单专用章

打印时间：2020-8-8　　交易柜员　　交易机构：32176813

【业务 4】 如图表 6-16～图表 6-18 所示。

▼图表 6-16　梁溪江南股份有限公司费用报销单▼

梁溪江南股份有限公司费用报销单

购物（或业务往来）日期： 2020 年 8 月 8 日					背面附原始凭证 2 张
内　容		发 票 号 码	单 价	数 量	金 额
1	水费	03287298			1 000.00
2					
3					
备注：					
实报金额（大写）人民币壹仟元整		¥1 000.00			

领导审批	缪建新	财务经理	左薇	部门经理	尤刚	报销人	张敏

▼图表 6-17　中国工商银行业务回单（付款）▼

ICBC 中国工商银行　凭证

日期　2020 年 8 月 8 日　　业务回单（付款）

回单编号：18062000972

付款人户名：梁溪凌空股份有限公司　　付款人开户行：中国工商银行梁溪台山支行

付款人账号：430008675466338765

收款人账号：4996007522876633　　收款人开户行：中国工商银行梁溪市通扬支行

金额：壹仟元整　　小写：1000.00 元

业务（产品）种类　　凭证种类：00000000　　凭证号码：000000000000000000000

摘要 ：水费　　用途：　　币种：人民币

交易机构：0110300421　　记账柜员：00018　　交易代码：45296　　渠道：网上银行

附言：

支付交易序号：61157924　报文种类：大客户发起汇兑业务　委托日期：2020 年 8 月 8 日

业务类型：普通汇兑　指令编号：HZP14180654　提交人：王丽

本回单为第一次打印，注意重复　打印日期：2020 年 8 月 8 日　打印柜员：8　验证码：0A3E6CA47786

（印章：中国工商银行梁溪台山支行 自助回单机专用章 003）

▼图表 6-18 江苏省增值税专用发票▼

江苏省增值税专用发票

No 03287298

发 票 联

开票日期：2020 年 8 月 8 日

购买方	名　　称：梁溪凌空股份有限公司 纳税人识别号：50706876596547A 地址、电话：梁溪市台山路98号　82676888 开户行及账号：中国工商银行梁溪台山支行　430008675466338765				密码区			
货物或应税劳务名称		规格型号	单位	数量	单价	金额	税率	税额
*供水*水费			吨	250	3.8835	970.87	3%	29.13
合　计						¥970.87		¥29.13
价税合计（大写）	⊗壹仟元整　　（小写）¥1000.00							
销售方	名　　称：梁溪市自来水总公司 纳税人识别号：91323209966333342D 地址、电话：梁溪市通扬路38号　0510-82106688 开户行及账号：中国工商银行梁溪通扬支行　4996007522876644				备注	梁溪市自来水总公司 91323209966333342D 发票专用章		

第三联：发票联　购买方记账凭证

收款人：　　复核人：　　开票人：陈方方　　销售方：（章）

【业务 5】如图表 6-19～图表 6-21 所示。

▼图表 6-19 梁溪江南股份有限公司费用报销单▼

梁溪江南股份有限公司费用报销单

购物（或业务往来）日期：2020 年 8 月 8 日				背面附原始凭证 2 张			
内　容			发票号	单价		数量	金额
1	业务招待费						2500.00
2							
3							
备注：							
实报金额（大写）人民币贰仟伍佰元整				¥2500.00			
领导审批	缪建新	财务经理	庄薇	部门经理	雍明	报销人	陆强

▼图表 6-20　江苏省增值税专用发票▼

江苏省增值税普通发票　　No　04787265

发　票　联

开票日期：2020 年 8 月 8 日

购买方	名　　称：梁溪凌空股份有限公司 纳税人识别号：50706876596547A 地址 、 电话：梁溪市台山路 98 号　82676888 开户行及账号：中国工商银行梁溪台山支行　430008675466338765	密码区	

货物或应税劳务名称	规格型号	单位	数量	单价	金额	税率	税额
*餐饮服务*餐饮费		次	1	2 358.49	2 358.49	6%	141.51
合　计					¥2 358.49		¥141.51
价税合计（大写）	⊗贰仟伍佰元整				（小写）¥2 500.00		

销售方	名　　称：梁溪市九龙湾餐饮有限公司 纳税人识别号：91320200835934633q 地址 、 电话：梁溪市九龙湾 68 号　0510-65325777 开户行及账号：交通银行无锡郊区支行　323232099663338	备注	梁溪市九龙湾餐饮有限公司 91320200835934633q 发票专用章

收款人：　　复核人：　　开票人：曹锋　　销售方：（章）

第二联：发票联　购买方记账凭证

▼图表 6-21　中国工商银行转账支票存根（苏）▼

中国工商银行

转账支票存根（苏）

VI0342789034

附加信息

出票日期 2020 年 8 月 8 日

收款人：	梁溪市九龙湾餐饮有限公司
金　额：	¥2 500.00
用　途：	餐饮费

单位主管　洪凯生　　会计　龚丽

【业务 6】如图表 6-22～图表 6-25 所示。

▼图表 6-22　梁溪江南股份有限公司费用报销单▼

梁溪江南股份有限公司费用报销单

购物（或业务往来）日期：2020 年 8 月 8 日			背面附原始凭证 2 张		
内容		发票号	单价	数量	金额
1	增值税				62 400.00
2	城市维护建设税				4 368.00
3	教育费附加				1 872.00
4	地方教育费附加				1 248.00
备注：7 月份税金					
实报金额（大写）人民币陆万玖仟捌佰捌拾捌元整			¥69 888.00		

总经理	洪凯生	财务经理	袁红萍	部门经理	林涛	经手人	许佳敏

▼图表 6-23　中国工商银行单位客户专用回单▼

ICBC 中国工商银行　单位客户专用回单

转账日期：2020 年 8 月 8 日　　　　凭证字号：5001281801200076232

纳税人全称：梁溪凌空股份有限公司

纳税人识别号（信用代码）：50706876596547A

付款人全称：梁溪凌空股份有限公司　　　　咨询（投诉）电话：12366

付款人账号：430008675466338765　　　　征收机关名称（委托方）：无锡梁溪区税务局

付款人开户银行：中国工商银行梁溪台山支行　　　　收缴国库（银行）国家金库梁溪市梁溪支库

小写（合计）金额：¥62 400.00　　　　缴款书流水号：3065187654997722888776221

大写（合计）金额：陆万贰仟肆佰元整　　　　税票号码：32028323000124389

税（费）名称：	所属时间	实缴金额
增值税	20200701—20200731	62 400.00

（印章：中国工商银行梁溪台山支行 电子回单 专用章）

复核：　　　　经办：　　　　打印日期：20200808

▼图表6-24 中国工商银行单位客户专用回单▼

ICBC 中国工商银行 单位客户专用回单

转账日期：2020年8月8日　　　　凭证字号：5001281801200076232

纳税人全称：梁溪凌空股份有限公司

纳税人识别号（信用代码）：50706876596547A

付款人全称：梁溪江南股份有限公司　　　　咨询（投诉）电话：12366

付款人账号：430008675466338765　　　　征收机关名称（委托方）：无锡梁溪区税务局

付款人开户银行：中国工商银行梁溪台山支行　　　　收缴国库（银行）国家金库梁溪市梁溪支库

小写（合计）金额：¥7 398.00　　　　缴款书流水号：3065187654997722888776236

大写（合计）金额：柒仟叁佰玖拾捌元整　　　　税票号码：320200318000032872

税（费）名称：	所属时间	实缴金额
城市维护建设税	20200701—20200731	4 368.00
教育费附加	20200701—20200731	1 782.00
地方教育附加	20200701—20200731	1 248.00

复核：　　　　经办：　　　　打印日期：20200808

▼图表6-25 中华人民共和国电子缴税（费）凭证▼

中华人民共和国
电子缴税（费）凭证

打印日期：2020-8-8　　　　税 042020 04533298

纳税人代码	31244456307453X		主管税务机关	梁溪市梁溪区税务局第二税务分局			
纳税人全称	梁溪江南股份有限公司		开户银行	中国工商银行无锡城南支行			
缴款人名称	梁溪江南股份有限公司		银行账号	2043153445 65289321			
电子缴款书号	征收项目名称	征收品目名称	所属时期	实缴金额	缴款日期	税款属性	国库
320200318000032872	城市维护建设税	增值税附征	2020-7-1至2020-7-31	4 368.00	2020-8-8	一般申报	国家金库梁溪市梁溪支库
320200318000032872	教育费附加	增值税附征	2020-7-1至2020-7-31	1 782.00	2020-8-8	一般申报	国家金库梁溪市梁溪支库
320200318000032872	地方教育附加	增值税附征	2020-7-1至2020-7-31	1 248.00	2020-8-8	一般申报	国家金库梁溪市梁溪支库
金额合计	人民币柒仟叁佰玖拾捌元整			¥7 398.00			
注：1．本缴款单凭证仅作为纳税人记账核算凭证使用，电子纳税的，需与银行对账单电子归缴记录核对一致方有效。纳税人如需汇总开具完税证明，请凭税务登记或身份证到主管税务机关开具。 2．打印此票的次日以后，方可到税务部门换开正式完税凭证。						（套印征收专用章）	

三、实训要求

根据梁溪凌空股份有限公司2020年8月8日出纳员办理的业务，编制单据移交表（见图表6-26）。

四、实训设计

【形式】每位学生独立完成。

【评价】本实训项目由教师评价，单据移交项目评价表如图表6-27所示。

五、训练单据

▼图表6-26　单据移交表▼

单据移交表

日期	编号	单据张数	摘要	金额	移交人	接收人	备注

▼图表6-27　单据移交项目评价表▼

单据移交项目评价表

评价项目	分值（分）	评分（分）
业务1	15	
业务2	15	
业务3	15	
业务4	15	
业务5	15	
业务6	25	
合计	100	

项目 7

现金、银行存款的清查

现金出纳员每天应将现金日记账余额与库存现金实有数进行核对，以查明账实是否相符；银行出纳员定期（3 天、5 天、10 天、半个月、1 个月）将企业银行存款日记账与银行对账单进行核对，以查明账实是否相符，并确定企业银行存款实有数。

现金、银行存款的清查包括现金的清查、银行存款的清查。银行存款清查选用的是公司的实际案例，与会计理论教学选用的案例大相径庭。同学们，你能发现它们之间的区别吗?

实训 1　库存现金盘点报告表的编制

一、实训目的

会编制库存现金盘点报告表。

二、实训资料

2020 年 6 月 30 日，梁溪凌空股份有限公司清查小组人员对库存现金进行清查（财务主管庄薇、出纳员王风在场），当日现金日记账余额为 16 978 元，对保险箱中的现金进行盘点，实际盘存现金 11 978 元（其中 100 元面值 109 张、50 元面值 19 张、10 元面值 11 张、5 元面值 2 张、1 元面值 8 张），经查，当日借出备用金 5 000 元，因会计尚未编制记账凭证而未入账。

三、实训要求

编制库存现金盘点报告表（见图表 7-1）。

四、实训设计

【形式】学生独立完成库存现金盘点报告表的编制。

【评价】本实训项目采用教师评价方式，库存现金盘点表编制项目评价表如图表 7-2 所示。

五、实训单据

▼图表 7-1　库存现金盘点报告表▼

库存现金盘点报告表

币种：　　　　　　　　　　　　　　　　　　　　　　　　　　盘点日：　　年　月　日

票面金额	张数	金额	票面金额	张数	金额
壹佰元			伍角		
伍拾元			贰角		
贰拾元			壹角		
壹拾元			伍分		
伍元			贰分		
贰元			壹分		
壹元					
实际盘点金额合计					
现金日记账账面余额					
加：收入凭证未入账					
减：付出凭证未入账					
调整后现金余额					
实存与账面差额					

盘点人（签字）：　　　　　会计主管（签字）：　　　　　出纳（签字）：

▼图表 7-2　库存现金盘点表编制项目评价表▼

库存现金盘点表编制项目评价表

评 价 项 目	分值（分）	评分（分）
库存现金盘点表的填制	50	
收入付出凭证未入账填制	20	
调整后余额填制	20	
签字填制	10	
合　　计	100	

实训 2　银行存款余额调节表的编制

一、实训目的

会编制银行存款余额调节表。

二、实训资料

（1）梁溪凌空股份有限公司 2020 年 10 月 31 日银行存款余额调节表如图表 7-3 所示。

（2）梁溪凌空股份有限公司 2020 年 11 月银行存款日记账如图表 7-4 所示。

（3）梁溪凌空股份有限公司 2020 年 11 月中国工商银行梁溪台山支行对账单如图表 7-5 所示。

▼图表 7-3　银行存款余额调节表▼

银行存款余额调节表

账号：430008675466338765　单位名称：梁溪凌空股份有限公司　2020 年 10 月 31 日止　单位：元

摘　要	入账日期 凭证号	金　额	摘　要	入账日期 凭证号	金　额
日记账余额		626 000	对账单余额		672 900
加：			加：		
1	131029 托收 3458	42 900	1		
2			2		
3			3		
减：			减：		
1			1	131030 转支 8764	4 000
2			2		
3			3		
调节后的余额		668 900	调节后的余额		668 900

▼图表 7-4 银行存款日记账▼

银行存款日记账

金额单位：元

2020年		凭证号	对方科目	摘要	借方	贷方	余额
月	日						
11	1			期初余额			626 000
	2	银付 1	库存现金	提现备用（现支 553）		3 000	623 000
	3	银收 1	应收账款	收货款（网银）	42 900		665 900
	4	银付 2	应交税费	缴所得税（网银）		60 000	605 900
	5	银付 3	在途物资等	购材料（网银）		81 900	524 000
	6	现付 1	库存现金	销售款解存银行	58 500		582 500
	10	银收 2	主营业务收入等	销售商品（网银）	35 100		617 600
	11	银付 4	应付职工薪酬	代发工资（转支 6371）		101 500	516 100
	13	银收 3	其他货币资金	汇票多余款（汇 6743）	24 500		540 600
	16	银收 4	短期借款	借入借款（借款单 4230）	500 000		1 040 600
	18	银付 5	其他货币资金	办理银行本票（本 6025）		50 000	990 600
	22	银付 6	其他货币资金	办理银行汇票（汇 0559）		100 000	890 600
	26	银付 7	库存现金	提现备用（现支 554）		1 500	889 100
	29	银付 8	财产保险费	管理费用（网银）		5 000	884 100
	30			本月合计	661 000	402 900	884 100

▼图表 7-5　中国工商银行梁溪台山支行对账单▼

中国工商银行梁溪台山支行对账单

账号：430008675466338765　单位名称：梁溪凌空股份有限公司　2020年10月31日止　单位：元

2020年		摘　要	结算凭证	借　方	贷　方	借或贷	金　额
月	日						
11	1	期初余额				贷	672 900
	3	支取现金	现支 553	3 000		贷	669 900
	4	缴纳税款	网银	60 000		贷	609 900
	5	货款	网银	81 900		贷	528 000
	6	库存现金	现缴 245		58 500	贷	586 500
	6	付家具费	转支 8764	4 000		贷	582 500
	9	汇票余款	银汇 6743		24 500	贷	607 000
	10	转发工资	网银	101 500		贷	505 500
	14	收到销货款	网银		35 100	贷	540 600
	15	付货款办理本票	本票 6025	50 000		贷	490 600
	16	贷款	借款单 4230		500 000	贷	990 600
	20	办理汇票	汇票 0559	100 000		贷	890 600
	25	付货款	网银	2 260		贷	888 340
	30	收货款	网银		12 260	贷	900 600
	30	收利息	网银		3 019	贷	903 619

三、实训要求

根据梁溪凌空股份有限公司10月31日银行存款余额调节表（见图表7-3）、11月银行存款日记账（见图表7-4）、11月中国工商银行梁溪台山支行对账单（见图表7-5）找出未达账项，编制梁溪凌空股份有限公司2020年11月的银行存款余额调节表（见图表7-6）。

四、实训设计

【形式】学生独立完成银行存款余额调节表的编制。

【评价】本实训项目采用教师评价方式，银行存款余额调节表编制项目评价表如图表7-7所示。

五、实训单据

▼图表 7-6　银行存款余额调节表▼

银行存款余额调节表

开户银行：　　　　　　　　账号：　　　　　　年　　月　　日　　　　　　　　金额单位：元

摘　要	入账日期 凭证号	金　额	摘　要	入账日期 凭证号	金　额
日记账余额			对账单余额		
加：			加：		
1			1		
2			2		
3			3		
减：			减：		
1			1		
2			2		
3			3		
调节后的余额			调节后的余额		

▼图表 7-7　银行存款余额调节表编制项目评价表▼

银行存款余额调节表编制项目评价表

评 价 项 目	分值（分）	评分（分）
未达账查找	30	
剔除上月未达账	20	
编制银行存款余额调节表	50	
合　　计	100	

项目 8

出纳岗位业务实务操作

如果说项目 1～项目 3 是“点”的实训，项目 4～项目 7 是“面”的实训，那么本项目则是“体”的实训，聪明的你将接受出纳业务的综合实训，它是检验你能否胜任出纳岗位的试金石！

同学们，让我们一起来迎接挑战吧！

一、实训目的

（1）会根据原始凭证分析经济业务内容，并审核或填制原始凭证。

（2）会根据原始凭证编制记账凭证，并进行附件处理。

（3）会根据收款凭证、付款凭证登记现金日记账和银行存款日记账。

（4）会编制银行存款余额调节表。

（5）会装订会计凭证。

（6）会编制资金报表。

二、实训资料

1．企业有关情况

（1）单位名称：梁溪惠山动力有限公司（一般纳税人），纳税人识别号：30706876596362G。

（2）法人代表：韦洪斌；财务主管：刘萍。

（3）会计：郭建生；出纳员：曹薇。

（4）单位地址及电话：梁溪市惠钱路 88 号　88254598

（5）开户行及账号：中国工商银行梁溪惠山支行　428108675009222521

2．企业有关经济业务

2020 年 11 月 30 日，企业现金日记账余额为 13 968.50 元，银行存款日记账余额为 789 583.50 元，12 月发生下列现金、银行存款收付业务。

【业务 1】如图表 8-1～图表 8-3 所示。

【业务 2】如图表 8-4 所示（提示：12 月 2 日，提取现金 8 000 元，备付差旅费）。

【业务 3】如图表 8-5 所示。

【业务 4】如图表 8-6 所示。

【业务 5】如图表 8-7 所示。

【业务 6】如图表 8-8～图表 8-11 所示。

【业务 7】如图表 8-12、图表 8-13 所示。

【业务 8】如图表 8-14、图表 8-15 所示。

【业务 9】如图表 8-16～图表 8-20 所示。（注：图表所示为梁溪市大华滚针有限公司办理进账的业务，即“倒进账”）

【业务 10】如图表 8-21、图表 8-22 所示。

【业务 11】如图表 8-23、图表 8-24 所示。

【业务 12】如图表 8-25～图表 8-27 所示。

【业务 13】如图表 8-28、图表 8-29 所示。

【业务 14】如图表 8-30、图表 8-31 所示。

【业务 15】如图表 8-32～图表 8-34 所示。

【业务 16】如图表 8-35、图表 8-36 所示。

【业务 17】如图表 8-37 所示。

【业务 18】如图表 8-38～图表 8-42 所示。

【业务 19】如图表 8-43 所示。

【业务 20】如图表 8-44～图表 8-46 所示。

【业务 21】如图表 8-47～图表 8-50 所示。

【业务 22】如图表 8-51～图表 8-53 所示。

【业务 23】如图表 8-54～图表 8-57 所示。

【业务 24】如图表 8-58 所示。

【业务 25】如图表 8-59 所示。

【业务 26】如图表 8-60～图表 8-63 所示。

【业务 27】如图表 8-64 所示（提示：12 月 20 日，提取现金 3 000 元备用）。

【业务 28】如图表 8-65～图表 8-67 所示。

【业务 29】如图表 8-68、图表 8-69 所示。

【业务 30】如图表 8-70～图表 8-72 所示。

【业务 31】如图表 8-73 所示。

【业务 32】如图表 8-74 所示。

【业务 33】如图表 8-75～图表 8-77 所示。

【业务 34】如图表 8-78 所示（提示：12 月 25 日，提取现金 4 500 元，备付抚恤金、丧葬费）。

【业务 35】如图表 8-79、图表 8-80 所示。

【业务 36】如图表 8-81 所示。

【业务 37】如图表 8-82～图表 8-84 所示。

【业务 38】如图表 8-85 所示。

【业务 39】如图表 8-86 所示。

【业务 40】如图表 8-87～图表 8-89 所示。

三、实训要求

（1）根据业务 1～业务 40，出纳员审核原始凭证，判断经济业务类型，填制相关原始凭证。

（2）根据业务 1～业务 40，会计编制记账凭证，并将相关原始凭证整理附后。

（3）根据收款凭证、付款凭证登记现金日记账和银行存款日记账，并进行日结、转页和月结。

（4）根据已登记的银行存款日记账、上月银行存款余额调节表（见图表 8-90）和银行对账单（见图表 8-91）进行对账，找出未达账项，编制本月银行存款余额调节表（见图表 8-92）。

（5）装订会计凭证，填制记账凭证封面。

（6）编制资金报表（见图表 8-93）。

四、实训形式

【形式】要求在课堂讨论完成，各自提交作品。

【准备】准备相关原始凭证、通用记账凭证 40 张，日记账 2 张，记账凭证封面及封底等。

【评价】本项目成绩：以教师根据提交的作品给出的评价为主（90%），学生（同桌）的评价为辅（10%）。学期成绩评定前面 13 个项目占 40%，本项目占 60%，按学期综合评价出成绩。

五、实训操作

▼图表 8-1 梁溪商业银行转账支票▼

梁溪商业银行 转账支票 VI876554009

本支票付款期限十天

出票日期（大写） 贰零贰零年壹拾贰月零贰日　　付款行名称：中国工商银行梁溪城北支行

收款人：梁溪惠山动力有限公司　　出票人账号：532040040065238902

人民币（大写）	百	十	万	千	百	十	元	角	分
贰仟壹佰叁拾伍元柒角整			¥	2	1	3	5	7	0

用途 货款

上列款项请从

我账户内支付

出票人签章　　梁溪红星锻造有限公司财务专用章　　明路印天

复核　　记账

▼图表 8-2 江苏省增值税专用发票▼

江苏省增值税专用发票　　No 00056289

此联不作报销、扣款使用　　开票日期：2020 年 12 月 2 日

购买方	名称：梁溪红星锻造有限公司 纳税人识别号：32020475892133E 地址、电话：梁溪市新丰路 12 号 84329135 开户行及账号：中国工商银行梁溪城北支行 532040040065238902				密码区		
货物或应税劳务名称	规格型号	单位	数量	单价	金额	税率	税额
*交通运输设备*维护材料费		吨	3	630.00	1 890.00	13%	245.70
合计					¥1 890.00		¥245.70
价税合计（大写）	⊗贰仟壹佰叁拾伍元柒角整				（小写）¥2 135.70		
销售方	名称：梁溪惠山动力有限公司 纳税人识别号：30706876596362G 地址、电话：梁溪市惠钱路 88 号 88254598 开户行及账号：中国工商银行梁溪惠山支行 428108675009222521				备注	梁溪惠山动力有限公司 30706876596362g 发票专用章	

第一联：记账联 销售方记账凭证

收款人：曹薇　　复核人：郭建生　　开票人：李华　　销售方：（章）

▼图表 8-3 中国工商银行进账单（收账通知）▼

ICBC 中国工商银行进账单（收账通知） 3

年 月 日

出票人	全称		收款人	全称								
	账号			账号								
	开户银行			开户银行								
人民币（大写）				千	百	十	万	千	百	十	元	角	分
票据种类		票据张数										
票据号码												
复核	记账			开户银行签章								

此联是收款人开户银行交给收款人的收账通知

▼图表 8-4 中国工商银行现金支票（苏）▼

中国工商银行
现金支票存根 （苏）
Ⅵ007366345
附加信息______________

出票日期： 年 月 日

收款人：	
金 额：	
用 途：	

单位主管 会计

本支票付款期限十天

中国工商银行 现金支票（苏） Ⅵ007366345

出票日期（大写） 年 月 日 付款行名称：

收款人： 出票人账号：

人民币（大写）	十	万	千	百	十	元	角	分

用途________

上列款项请从
我账户内支付
出票人签章 复核 记账

▼图表 8-5　中国工商银行进账单（收账通知）▼

ICBC 中国工商银行进账单（收账通知）　　3

2020 年 12 月 3 日

收款人	全称	梁溪惠山动力股份有限公司	付款人	全称	梁溪市蓝天制造有限公司
	账号	428108675009222521		账号	600162360022266634
	开户银行	中国工商银行梁溪惠山支行		开户银行	中国工商银行梁溪城北支行

金额	千	百	十	万	千	百	十	元	角	分
人民币（大写）贰佰叁拾叁元陆角整					¥	2	3	3	6	0

票据种类	支票	票据张数	1
票据号码	05400945（退预付款余款）		
复核		记账	

中国工商银行梁溪惠山支行 2020.12.3 转讫 (02)

开户银行签章

此联是收款人开户银行交给收款人的收账通知

▼图表 8-6　中国工商银行单位客户专用回单▼

ICBC 中国工商银行单位客户专用回单　　No 963

币别：人民币　　2020 年 12 月 4 日　　流水号：27654487367278696543

付款人	全称	梁溪市江海贸易有限公司	收款人	全称	梁溪惠山动力股份有限公司
	账号	204315344500056322 8		账号	428108675009222521
	开户行	中国工商银行梁溪旺庄路支行		开户行	中国工商银行梁溪惠山支行

金额	千	百	十	万	千	百	十	元	角	分
人民币（大写）伍万零捌佰伍拾元整			¥	5	0	8	5	0	0	0

凭证种类	电子转账凭证	凭证号码	2202486535
结算方式	转账	用途	预付货款

打印柜员：320654202

打印机构：中国工商银行梁溪惠山支行

打印卡号：432000000012986

中国工商银行梁溪惠山支行 电子回单 专用章

打印时间：2020-12-4　　交易柜员：　　交易机构：32176813

▼图表 8-7 借款申请单▼

借款申请单

2020 年 12 月 4 日

借款单位	公司办公室夏铭						
用途	业务培训						
金额（大写）人民币	伍仟元整		¥5 000.00			现金付讫	
还款计划	2020 年 12 月 18 日						
领导批准	韦洪斌	财务审批	刘萍	部门审批	林晨	出纳付款	曹薇
借款人	夏铭		备注				

▼图表 8-8 梁溪惠山动力股份有限公司费用报销单▼

梁溪惠山动力股份有限公司费用报销单

购物（或业务往来）日期：2020 年 12 月 5 日			背面附原始凭证 3 张		
内容		发票号	单价	数量	金额
1	材料款	05872917	33.50	200	6 700.00
2	增值税				871.00
3					
备注：					
实报金额（大写）人民币柒仟伍佰柒拾壹元整 ¥ 7 571.00					

领导审批	韦洪斌	财务经理	刘萍	部门经理	朱玉	报销人	蔡琴

报销日期：2020 年 12 月 5 日

▼图表 8-9　江苏省增值税专用发票▼

江苏省增值税专用发票

No 05872917

发 票 联

开票日期：2020 年 12 月 5 日

购买方	名　　　称：梁溪惠山动力有限公司 纳税人识别号：30706876596362G 地址 、 电话：梁溪市惠钱路 88 号　88254598 开户行及账号：中国工商银行梁溪惠山支行　428108675009222521	密码区	

货物或应税劳务名称	规格型号	单位	数量	单价	金额	税率	税额
*金属制品*门把手		个	200	33.50	6 700.00	13%	871.00
合计					¥670 0.00		¥871.00
价税合计（大写）	⊗柒仟伍佰柒拾壹元整				（小写）¥7 571.0		

销售方	名　　　称：梁溪市迅达配件有限公司 纳税人识别号：83723209966333342H 地址 、 电话：梁溪市永定路 12 号　83367123 开户行及账号：梁溪商业银行　062318796745006521	备注	

收款人：　　　复核人：　　　开票人：张相卫　　　销售方：（章）

第三联：发票联　购买方记账凭证

▼图表 8-10　中国工商银行转账支票存根（苏）▼

中国工商银行

转账支票存根（苏）

Ⅵ10815316

附加信息

出票日期：2020 年 12 月 5 日

收款人：	梁溪市迅达配件有限公司
金　额：	¥7 571.00
用　途：	购材料

单位主管 韦洪斌　　会计 郭建生

▼图表 8-11　梁溪惠山动力股份有限公司收料单▼

梁溪惠山动力股份有限公司收料单

2020 年 12 月 5 日

供货单位：梁溪市迅达配件有限公司　　　　第 1001 号

发票号码：05872917　　材料大类：原材料　　金额单位：元

材料编号	名称	规格	单位	数量		实际价格			计划价格	
				发票	实收	单价	金额	其中：运杂费	单价	金额
	门把手		个	200	200	33.50	6 700.00			

第一联：连同发票凭证付款

制单：王新　　验收：黄玲　　主管：张杰　　记账：

▼图表 8-12　梁溪惠山动力股份有限公司付款申请书▼

梁溪惠山动力股份有限公司付款申请书

2020 年 12 月 6 日

用途	金额											收款单位：苏州东方机电有限公司
货款	亿	千	百	十	万	千	百	十	元	角	分	账　　号：404315363500053211
				¥	6	0	0	0	0	0	0	开户银行：中国农业银行支行虎丘路支行
金额大写（合计）	人民币陆万元整（预付款）											电汇☑ 转账☐ 汇票☐ 网银☐

总经理	韦洪斌	财务部门	经理	刘萍	经办部门	经理	景雯
			会计	郭建生		经办人	孙栋

▼图表 8-13　中国工商银行电汇凭证（回单）▼

中国工商银行　电汇凭证（回　单）　　1

☐普通　☐加急　　委托日期：　年　月　日　　第 003425 号

汇款人	全　称			收款人	全　称										
	账　号				账　号										
	汇出地点	省　市/县			汇入地点	省　市/县									
汇出行名称				汇入行名称											
金额	人民币（大写）					千	百	十	万	千	百	十	元	角	分
汇出行签章				支付密码											
				附加信息及用途											
				复核：　记账：											

此联是汇出行给汇款人的回单

▼图表 8-14　梁溪惠山动力股份有限公司费用报销单▼

梁溪惠山动力股份有限公司费用报销单

购物（或业务往来）日期：2020 年 12 月 9 日							背面附原始凭证 1 张
内　　容			发 票 号	单 价		数 量	金 额
1	报销独生子女幼托费						450.00
2							
3							
备注：							
实报金额（大写）人民币肆佰伍拾元整　　¥ 450.00							
领导审批	韦洪斌	财务经理	刘萍	部门经理	朱玉	报销人	蔡琴

现金付讫

报销日期：2020 年 12 月 9 日

▼图表 8-15　学杂费收据▼

学　杂　费　收　据

No 008160

2020 年 12 月 9 日

姓名	郜方	年级	中班		
托费	450.00	学费	—	代办费	—
大写金额	人民币肆佰伍拾元整				
备注	家长：郜光明				

梁溪新吴区桥宜幼儿园财务专用章

现金付讫

开票人（章）　　收款人：赵磊

▼图表 8-16　梁溪惠山动力有限公司费用报销单▼

梁溪惠山动力有限公司费用报销单

购物（或业务往来）日期：2020 年 12 月 10 日							背面附原始凭证 4 张
内　　容			发 票 号	单 价		数 量	金 额
1	支付材料款		06913858	180.00		10	1 800.00
2	支付增值税						234.00
3							
备注：							
实报金额（大写）人民币贰仟零叁拾肆元整　　¥ 2 034.00							
领导审批	韦洪斌	财务经理	刘萍	部门经理	尹杰	报销人	许皓兴

报销日期：2020 年 12 月 10 日

▼图表 8-17　江苏省增值税专用发票▼

江苏省增值税专用发票　　No 06913858

发　票　联

开票日期：2020 年 12 月 10 日

购买方	名　　称：梁溪惠山动力股份有限公司 纳税人识别号：30706876596362G 地址、电话：梁溪市惠钱路 88 号　88254598 开户行及账号：中国工商银行梁溪惠山支行　428108675009222521	密码区	

货物或应税劳务名称	规格型号	单位	数量	单价	金额	税率	税额
*金属制品*滚针		盒	10	180.00	1 800.00	13%	234.00
合计					1 800.00		234.00
价税合计（大写）	⊗贰仟零叁拾肆元整				（小写）¥2 034.00		

销售方	名　　称：梁溪市大华滚针有限公司 纳税人识别号：32020785432630K 地址、电话：梁溪永丰路 8 号　86327321 开户行及账号：中国农业银行梁溪永丰支行　897238134675008765	备注	（印章：梁溪市大华滚针有限公司 32020785432630K 发票专用章）

收款人：　　复核人：　　开票人：殷平　　销售方：（章）

第三联：发票联　购买方记账凭证

▼图表 8-18　梁溪惠山动力有限公司收料单▼

梁溪惠山动力有限公司收料单

2020 年 12 月 10 日　　第 1002 号

供货单位：梁溪市大华滚针有限公司

发票号码：06913858　　材料大类：原材料　　金额单位：元

材料编号	名称	规格	单位	数量		实际价格			计划价格	
				发票	实收	单价	金额	其中：运杂费	单价	金额
	滚针		盒	10	10	180.00	1 800.00			

制单：王新　　验收：黄玲　　主管：张杰　　记账：

第一联：连同发票凭证付款

▼图表 8-19　中国工商银行转账支票（苏）▼

中国工商银行 转账支票存根（苏） Ⅵ10815317	本支票付款期限十天	中国工商银行 转账支票（苏）　Ⅵ10815317
附加信息		出票日期（大写）　年　月　日　　付款行名称：
		收款人：　　出票人账号：
出票日期：　年　月　日		人民币（大写）
收款人：		用途
金　额：		上列款项请从
用　途：		我账户内支付
单位主管　会计		出票人签章　　复核　记账

人民币（大写）	十	万	千	百	十	元	角	分

▼图表 8-20　中国工商银行进账单（回单）▼

ICBC　中国工商银行进账单（回　单）　1

年　月　日

出票人		收款人	
全　称		全　称	
账　号		账　号	
开户银行		开户银行	

人民币（大写）	千	百	十	万	千	百	十	元	角	分

票据种类		票据张数	
票据号码			
复核　记账			开户银行签章

此联是开户银行交给持票人的回单

▼图表 8-21　梁溪惠山动力股份有限公司费用报销单▼

梁溪惠山动力股份有限公司费用报销单

购物（或业务往来）日期：2020 年 12 月 11 日					背面附原始凭证 1 张
内　容		发票号	单价	数量	金额
1	增值税				12 838.57
2					
备注：					
实报金额（大写）人民币壹万贰仟捌佰叁拾捌元伍角柒分			¥12 838.57		

领导审批	韦洪斌	财务经理	刘萍	部门经理	鲁聚业	报销人	吴菲

报销日期：2020 年 12 月 11 日

▼图表 8-22　中国工商银行单位客户专用回单▼

ICBC 中国工商银行　单位客户专用回单

转账日期 2020 年 12 月 11 日　　　　凭证字号：5001281801200076232

纳税人全称：梁溪惠山动力股份有限公司	
纳税人识别号（信用代码）：30706876596362G	
付款人全称：梁溪惠山股份有限公司	咨询（投诉）电话：12366
付款人账号：428108675009222521	征收机关名称（委托方）：梁溪惠山区税务局
付款人开户银行：中国工商银行梁溪惠山支行	收缴国库（银行）：国家金库梁溪市惠山支库
小写（合计）金额：¥12 838.57	缴款书流水号：3065187654997722888776221
大写（合计）金额：壹万贰仟捌佰叁拾捌元伍角柒分	税票号码：32028323000124389
税（费）名称：　所属时间　实缴金额	
增值税　20201101—20201131　12 838.57	

复核：　　　　经办：　　　　打印日期：20201211

▼图表 8-23　梁溪惠山动力股份有限公司费用报销单▼

梁溪惠山动力股份有限公司费用报销单

购物（或业务往来）日期：2020 年 12 月 11 日					背面附原始凭证 1 张		
内　容		发 票 号		单 价	数 量	金 额	
1	城市维护建设税					898.70	
2	教育费附加					385.16	
3	地方教育费附加					256.77	
备注：							
实报金额（大写）人民币壹仟伍佰肆拾元陆角叁分			¥1 540.63				
领导审批	韦洪斌	财务经理	刘萍	部门经理	鲁聚业	报销人	吴菲

报销日期：2020 年 12 月 11 日

▼图表 8-24　中国工商银行单位客户专用回单▼

ICBC 中国工商银行　单位客户专用回单

转账日期：2020 年 12 月 11 日　　　　凭证字号：5001281801200076239

纳税人全称：梁溪惠山动力股份有限公司	
纳税人识别号（信用代码）：30706876596362G	
付款人全称：梁溪惠山动力股份有限公司	咨询（投诉）电话：12366
付款人账号：428108675009222521	征收机关名称（委托方）：梁溪惠山区税务局
付款人开户银行：中国工商银行梁溪惠山支行	收缴国库（银行）：国家金库梁溪市惠山支库
小写（合计）金额：¥1 540.63	缴款书流水号：3065187654997722888776222
大写（合计）金额：壹仟伍佰肆拾元陆角叁分	税票号码：32028323000124389

税（费）名称：	所属时间	实缴金额
城市维护建设税	20201101—20201131	898.70
教育费附加	20201101—20201131	385.16
地方教育费附加	20201101—20201131	256.77

中国工商银行梁溪惠山支行 电子回单 专用章

复核：　　　　经办：　　　　打印日期：20201211

▼图表 8-25　梁溪惠山动力股份有限公司费用报销单▼

梁溪惠山动力股份有限公司费用报销单

购物（或业务往来）日期：2020 年 12 月 12 日					背面附原始凭证 2 张		
内　容		发 票 号	单 价		数 量	金 额	
1	代垫运杂费					2 500.00	
2							
备注：							
实报金额（大写）人民币贰仟伍佰元整　　¥2 500.00							
审批	韦洪斌	稽核	郭建生	验收	尹杰	经手人	朱明

报销日期：2020 年 12 月 6 日

▼图表 8-26　产品发运清单▼

产品发运清单

2020 年 12 月 12 日　　　　金额单位：元

购货单位	发票号码	运输方式	运杂费				备注
			运费	保险费	其他	合计	
昆明机械有限公司	12684	火运	2 300.00	200.00		2 500.00	
合计						2 500.00	

制单：朱明

▼图表 8-27　中国工商银行转账支票存根（苏）▼

中国工商银行
转账支票存根（苏）
VI10815318

附加信息________________

____

出票日期：2020 年 12 月 12 日

收款人：	昆明机械有限公司
金　额：	¥2 500.00
用　途：	支付运杂费

单位主管　韦洪斌　会计　郭建生

▼图表 8-28　江苏省增值税专用发票▼

江苏省增值税专用发票　　No 10991860

国家税务总局

此联不作报销、扣款使用　开票日期：2020 年 12 月 13 日

购买方	名　称：昆明机械有限公司 纳税人识别号：423102657336400 地址、电话：长江东路 115 号　48752369 开户行及账号：中国工商银行昆明南阳支行　630421007630289765				密码区		
货物或应税劳务名称	规格型号	单位	数量	单价	金额	税率	税额
*金属制品*增压机		台	25	1 400.00	35 000.00	13%	4 550.00
合计					35 000.00		4 550.00
价税合计（大写）	⊗叁万玖仟伍佰伍拾元整				（小写）¥39 550.00		
销售方	名　称：梁溪惠山动力股份有限公司 纳税人识别号：30706876596362G 地址、电话：梁溪市惠钱路 88 号　88254598 开户行及账号：中国工商银行梁溪惠山支行　428108675009222521				备注	（合同号 2020 销 02176）	

第一联：记账联　销售方记账凭证

收款人：　　复核人：　　开票人：李华　　销售方：（章）

▼图表 8-29 中国工商银行单位客户专用回单▼

ICBC 中国工商银行单位客户专用回单 No 9603

币别：人民币　　2020年12月13日　　流水号：27654487367278696543

付款人	全称	昆明机械有限公司	收款人	全称	梁溪惠山动力股份有限公司										
	账号	6304210076302897\65		账号	428108675009222521										
	开户行	中国工商银行昆明南阳支行		开户行	中国工商银行梁溪惠山支行										
金额	人民币（大写）肆万贰仟零伍拾元整				千	百	十	万	千	百	十	元	角	分	
							¥	4	2	0	5	0	0	0	
凭证种类	电子转账凭证		凭证号码	6782486063											
结算方式	转账		用途	货款、运费											
			打印柜员：320654202 打印机构：中国工商银行梁溪惠山支行 打印卡号：432000000012986 中国工商银行梁溪惠山支行 电子回单 专用章												

打印时间：2020-12-13　　交易柜员：　　交易机构：32176721

▼图表 8-30 梁溪惠山动力股份有限公司付款申请书▼

梁溪惠山动力股份有限公司付款申请书

2020年12月16日

用途	金额											收款单位：南京曙光机电有限公司
货款	亿	千	百	十	万	千	百	十	元	角	分	账号：3658912223650089\56
				¥	5	0	0	0	0	0	0	开户银行：中国农业银行支行西藏路支行
金额大写（合计）	人民币伍万元整											电汇☐ 转账☐ 汇票☑ 网银☐

总经理	韦洪斌	财务部门	经理	刘萍	经办部门	经理	景雯
			会计	郭建生		经办人	吴京

▼图表 8-31 中国工商银行结算业务申请书▼

ICBC 中国工商银行结算业务申请书 **No 66187654**

币别： 年 月 日 流水号：

业务类型	□银行汇票 □银行本票	付款方式	□转账 □现金
申 请 人		收 款 人	
账 号		账 号	
用 途		代理付款行	

金 额	（大写）	千	百	十	万	千	百	十	元	角	分

客户签章	

第一联 银行记账凭证

会计主管 授权 复核 录入

▼图表 8-32 中国工商银行转账支票（苏）▼

中国工商银行 转账支票（苏） $\frac{GY}{02}$10553283

本支票付款期限十天

出票日期（大写） 贰零贰零年壹拾贰月壹拾陆日 付款行名称：中国工商银行解放路支行

收款人：梁溪惠山动力股份有限公司 出票人账号：4576896002

人民币（大写）	百	十	万	千	百	十	元	角	分
壹万捌仟零捌拾元整		¥	1	8	0	8	0	0	0

用途 货款

上列款项请从

我账户内支付

出票人签章

梁溪建筑责任有限公司财务专用章

王文东印

复核 记账

▼图表 8-33　江苏省增值税专用发票▼

江苏省增值税专用发票　　No 07335612

此联不作报销、扣款使用　　开票日期：2020 年 12 月 16 日

购买方	名　　称：梁溪建筑有限公司 纳税人识别号：320206633490 地址、电话：梁溪市解放路 31 号　85195346 开户行及账户：中国工商银行解放路支行　45768960029103				密码区		
货物或应税劳务名称	规格型号	单位	数量	单价	金额	税率	税额
*金属制品*发电机组		台	1	16 000.00	16 000.00	13%	2 080.00
合计					16 000.00		2 080.00
价税合计（大写）	⊗壹万捌仟零捌拾元整			（小写）¥18 080.00			
销售方	名　　称：梁溪惠山动力股份有限公司 纳税人识别号：307068765963629 地址、电话：梁溪市惠钱路 88 号　88254598 开户行及账号：中国工商银行梁溪惠山支行　428108675009222521				备注		

第一联：记账联　销售方记账凭证

收款人：　　复核人：　　开票人：李华　　销售方：（章）

▼图表 8-34　中国工商银行进账单（回单）▼

ICBC　中国工商银行进账单（回　单）　　1

年　月　日

出票人	全　称		收款人	全　称	
	账　号			账　号	
	开户银行			开户银行	

人民币（大写）		千	百	十	万	千	百	十	元	角	分

票据种类		票据张数		开户银行签章
票据号码				
复核	记账			

此联是开户银行交给持票人的回单

▼图表 8-35　梁溪惠山动力股份有限公司费用报销单▼

梁溪惠山动力股份有限公司费用报销单

购物（或业务往来）日期：2020 年 12 月 17 日			背面附原始凭证 1 张		
	内　容	发票号	单价	数量	金额
1	上缴上月所得税				7 150.98
2					
3					
备注：					
实报金额（大写）人民币柒仟壹佰伍拾元玖角捌分　¥7 150.98					

总经理	韦洪斌	财务经理	刘萍	部门经理	林涛	经手人	许佳敏

报销日期：2020 年 12 月 17 日

▼图表 8-36　中国工商银行单位客户专用回单▼

ICBC 中国工商银行　单位客户专用回单

转账日期：2020 年 12 月 17 日　　凭证字号：5001281801200076232

纳税人全称：梁溪惠山股份有限公司

纳税人识别号（信用代码）：30706876596362G

付款人全称：梁溪惠山股份有限公司　　咨询（投诉）电话：12366

付款人账号：428108675009222521　　征收机关名称（委托方）：梁溪惠山区税务局

付款人开户银行：中国工商银行梁溪惠山支行　　收缴国库（银行）：国家金库梁溪市惠山支库

小写（合计）金额：¥7 150.98　　缴款书流水号：30651876549977228887795432

大写（合计）金额：柒仟壹佰伍拾元玖角捌分　　税票号码：32028323000128964

税（费）名称：	所属时间	实缴金额
所得税	20201101—20201131	7 150.98

中国工商银行梁溪惠山支行 电子回单 专用章

复核：　　经办：　　打印日期：20201217

▼图表 8-37　江苏省增值税专用发票▼

江苏省增值税专用发票　　No 04278182

国家税务总局

此联不作报销、扣款使用　　开票日期：2020 年 12 月 18 日

购买方	名称：梁溪市电机有限公司 纳税人识别号：32020644128954S 地址、电话：梁溪市红星路 78 号　86912335 开户行及账号：梁溪商业银行中山支行　4976864523511764	密码区	

货物或应税劳务名称	规格型号	单位	数量	单价	金额	税率	税额
*交通运输设备*废料		千克	100	3.00	300.00	13%	39.00
合计					300.00		39.00
价税合计（大写）	⊗叁佰叁拾玖元整				（小写）¥339.00		

销售方	名称：梁溪惠山动力股份有限公司 纳税人识别号：30706876596362G 地址、电话：梁溪市惠钱路 88 号　88254598 开户行及账号：中国工商银行梁溪惠山支行　428108675009222521	备注	现金付讫

第一联：记账联　销售方记账凭证

收款人：　　复核人：　　开票人：李华　　销售方：（章）

▼图表 8-38　梁溪惠山动力有限公司出差费用报销单▼

梁溪惠山动力有限公司出差费用报销单

<table>
<tr><td colspan="2">出差事由</td><td colspan="5">签订合同</td><td colspan="5">填报日期：2020 年 12 月 18 日</td><td>附单据</td><td colspan="3">4 张</td></tr>
<tr><td rowspan="2">月/日</td><td rowspan="2">起止时间</td><td rowspan="2">起讫地点</td><td colspan="2">车船费</td><td>途中补贴</td><td colspan="2">住勤补贴</td><td colspan="3">误餐补贴</td><td rowspan="2">旅馆费</td><td rowspan="2">市内交通费</td><td rowspan="2">行李搬运费</td><td rowspan="2">其他</td></tr>
<tr><td>车次</td><td>金额</td><td>金额</td><td>天数</td><td>金额</td><td>中</td><td>晚</td><td>金额</td></tr>
<tr><td rowspan="2">12/10</td><td>午 时 分</td><td rowspan="2">梁溪至南通</td><td rowspan="2"></td><td rowspan="2">80</td><td rowspan="2"></td><td rowspan="2"></td><td rowspan="2"></td><td rowspan="2"></td><td rowspan="2"></td><td rowspan="2"></td><td rowspan="2">2 400</td><td rowspan="2"></td><td rowspan="2"></td><td rowspan="2"></td></tr>
<tr><td>午 时 分</td></tr>
<tr><td rowspan="3">12/17</td><td>午 时 分</td><td rowspan="3">南通至梁溪</td><td rowspan="3"></td><td rowspan="3">90</td><td rowspan="3"></td><td rowspan="3">8</td><td rowspan="3">1 600</td><td rowspan="3"></td><td rowspan="3"></td><td rowspan="3"></td><td rowspan="3"></td><td rowspan="3"></td><td rowspan="3"></td><td rowspan="3"></td></tr>
<tr><td>午 时 分</td></tr>
<tr><td>午 时 分</td></tr>
<tr><td colspan="3">支 出 小 计</td><td></td><td>170</td><td></td><td></td><td>1 600</td><td></td><td></td><td></td><td>2 400</td><td></td><td></td><td></td></tr>
<tr><td>预支金额</td><td>5 000</td><td>应付（退）金额</td><td colspan="2">830</td><td colspan="3">支出金额（大写）</td><td colspan="7">人民币肆仟壹佰柒拾元整</td></tr>
<tr><td>总经理</td><td colspan="2">韦洪斌</td><td colspan="2">财务经理</td><td colspan="2">刘萍</td><td colspan="2">部门经理</td><td colspan="2">赵刚</td><td colspan="2">报销人</td><td colspan="2">夏铭</td></tr>
</table>

▼图表 8-39　收据▼

收　　据

No 0008759

年　月　日

交款单位＿＿＿＿＿＿＿＿＿＿＿＿＿　收款方式＿＿＿＿＿＿＿

人民币（大写）＿＿＿＿＿＿＿＿＿　¥＿＿＿＿＿＿＿

收款事由＿＿＿＿＿＿＿＿＿＿＿＿＿＿＿＿＿＿＿＿＿＿＿＿

年　月　日

二客户联

单位盖章　　财务主管　　记账　　出纳　　审核　　经办

▼图表 8-40　江苏省公路汽车客票▼

江苏省公路汽车客票

<table>
<tr><td colspan="2">始发地—目的地</td><td>票价（元）</td><td>票种</td><td>承运人</td><td>班车类别</td><td>车型</td></tr>
<tr><td colspan="2">梁溪—南通</td><td>80.00</td><td>全</td><td>快客公司</td><td>直达</td><td>大型</td></tr>
<tr><td>乘车日期</td><td>开车时间</td><td>车次</td><td>座号</td><td>上车地点</td><td>检票口</td><td>工号</td></tr>
<tr><td>2020-12-10</td><td>9:00</td><td>KK5231</td><td>8</td><td>南广场</td><td>2</td><td>056</td></tr>
<tr><td colspan="7">一、票价内含各种代收费用。
二、限乘当日当次车，过期、涂改、污染、撕损即失效。</td></tr>
</table>

▼图表 8-41 江苏省公路汽车客票▼

江苏省公路汽车客票

始发地—目的地		票价（元）	票种	承运人	班车类别	车型
南通—梁溪		90.00	全	快客公司	直达	中型
乘车日期	开车时间	车次	座号	上车地点	检票口	工号
2020-12-17	14:00	KB0-146	5	东车站	5	156
一、票价内含各种代收费用。 二、限乘当日当次车，过期、涂改、污染、撕损即失效。						

▼图表 8-42 江苏省增值税专用发票▼

江苏省增值税专用发票

发票联

No 03287212

开票日期：2020 年 12 月 17 日

购买方	名　　称：梁溪惠山动力有限公司 纳税人识别号：307068765963629 地址、电话：梁溪市惠钱路 88 号　88254598 开户行及账号：中国工商银行梁溪惠山支行　428108675009222521				密码区		
货物或应税劳务名称	规格型号	单位	数量	单价	金额	税率	税额
*住宿服务*住宿费		间	7		2 264.15	6%	135.85
合计					¥2 264.15		¥135.85
价税合计（大写）	⊗贰仟肆佰元整		（小写）¥2 400.00				
销售方	名　　称：南通速 8 酒店有限公司 纳税人识别号：91220205434287C 地址、电话：向阳路 66 号　65433999 开户行及账户：中国工商银行南通向阳支行 640008675466338439				备注	南通速8酒店有限公司 91220205434287C 发票专用章	

收款人：　　　复核人：　　　开票人：李芳　　　销售方：（章）

第三联：发票联　购买方记账凭证

▼图表 8-43 借款申请单▼

借款申请单

2020 年 12 月 18 日

借款单位	设计科张平						
用途	出差预借差旅费						
金额（大写）人民币叁仟元整			¥3 000.00				
还款计划	2020 年 12 月 22 日						
领导批准	韦洪斌	财务审批	刘萍	部门审批	章绕	出纳付款	曹薇
借款人	张平		备注				

现金付讫

▼图表 8-44　梁溪江南股份有限公司费用报销单▼

梁溪江南股份有限公司费用报销单

购物（或业务往来）日期：2020 年 12 月 20 日			背面附原始凭证 2 张		
内　容		发 票 号 码	单 价	数 量	金 额
1	水费	03287298			3 520.00
2					
3					
备注：					
实报金额（大写）人民币叁仟伍佰贰拾元整　¥3 520.00					

领导审批	韦洪斌	财务经理	刘萍	部门经理	尤刚	报销人	张敏

▼图表 8-45　中国工商银行业务回单（付款）▼

ICBC 中国工商银行　　凭证

日期　2020 年 12 月 20 日　　业务回单　（付款）

回单编号：18062000972

付款人户名：梁溪惠山动力股份有限公司　　付款人开户行：中国工商银行梁溪惠山支行

付款人账号：4281086775009222521

收款人账号：4996007522876633　　收款人开户行：中国工商银行梁溪市通扬支行

金额：叁仟伍佰贰拾元整　　小写：3 520.00 元

业务（产品）种类　　凭证种类：00000000　　凭证号码：000000000000000000000

摘要：水费　　用途：　　币种：人民币

交易机构：0110300421　　记账柜员：00018　　交易代码：45296　　渠道：网上银行

附言：

支付交易序号：61157924　报文种类：大客户发起汇兑业务　委托日期：2020 年 12 月 20 日

业务类型：普通汇兑　指令编号：HZP14180654　提交人：王丽

本回单为第一次打印，注意重复　打印日期：2020 年 12 月 20 日　打印柜员：8　验证码：0ABE6CA47786

（印章：中国工商银行梁溪惠山支行 自助回单机专用章 (003)）

▼图表 8-46 江苏省增值税专用发票▼

江苏省增值税专用发票

No 03287298

发票联

开票日期：2020 年 12 月 20 日

购买方	名称：梁溪惠山动力有限公司 纳税人识别号：30706876596362G 地址、电话：梁溪市惠钱路 88 号 88254598 开户行及账号：中国工商银行梁溪惠山支行 428108675009222521			密码区			
货物或应税劳务名称	规格型号	单位	数量	单价	金额	税率	税额
*供水*水费		吨	650	5.2577	3 417.48	3%	102.52
合计					¥3 417.48		¥102.52
价税合计（大写）	⊗叁仟伍佰贰拾元整			（小写）¥3 520.00			
销售方	名称：梁溪市自来水总公司 纳税人识别号：91323209966333342D 地址、电话：梁溪市通杨路 38 号 0510-82106688 开户行及账户：中国工商银行梁溪通杨支行 4996007522876644			备注	梁溪市自来水总公司 91323209966333342D 发票专用章		

第三联：发票联 购买方记账凭证

收款人： 复核人： 开票人：苗玉 销售方：（章）

▼图表 8-47 费用报销单▼

梁溪惠山动力股份有限公司费用报销单

购物（或业务往来）日期：2020 年 12 月 23 日				背面附原始凭证 2 张			
内 容				发票号	单价	数量	金额
1	银行代发 12 月份工资						317 116.00
2							
备注：							
实报金额（大写）人民币叁拾壹万柒仟壹佰壹拾陆元整				¥317 116.00			
领导审批	韦洪斌	财务经理	刘萍	部门经理	尤刚	报销人	曹薇

报销日期：2020 年 12 月 23 日

▼图表 8-48　中国工商银行单位客户专用回单▼

ICBC　中国工商银行单位客户专用回单　No 572

币别：人民币　　2020 年 12 月 23 日　　流水号：2765448736727865886

付款人	全称	梁溪惠山动力股份有限公司	收款人	全称	
	账号	428108675009222521		账号	
	开户行	中国工商银行梁溪通扬支行		开户行	

金额		千	百	十	万	千	百	十	元	角	分
	人民币（大写）叁拾壹万柒仟壹佰壹拾陆元整		¥	3	1	7	1	1	6	0	0

凭证种类	电子转账凭证	凭证号码	46653746809
结算方式	转账	用途	工资

打印柜员：320654202

打印机构：中国工商银行无锡建业支行

打印卡号：432000000012563

（中国工商银行无锡建业支行 电子回单 专用章）

（借方凭证）（付款人回单）

打印时间：2020-12-23　　交易柜员：　　交易机构：32176813

▼图表 8-49　中国工商银行转账支票存根▼

中国工商银行

转账支票存根

$\frac{GY}{02}$10815316

附加信息

出票日期：2020 年 12 月 23 日

收款人：	本单位工资户
金　额：	¥317 116.00
用　途：	银行代发 12 月份工资

单位主管　韦洪斌　　会计　郭建生

▼图表 8-50　工资结算汇总表▼

工资结算汇总表

单位：元

部门	应发工资	个人缴纳社保费	个人缴纳公积金	个人缴纳所得税	实发工资
总经办	38 600	4 053	3 088	421	31 038
行政部	12 400	1 302	992		10 106
生产部	16 900	1 774.50	1 352	68.25	13 705.25
财务部	23 500	2 467.50	1 880	81.75	19 070.75
市场部	11 700	1 228.50	936		9 535.50
采购部	13 400	1 407	1 072		10 921
仓储部	9 500	997.50	760		7 742.50
生产车间	187 600	19 698	15 008		152 894
辅助车间	76 200	8 001	6 096		62 103
合计	389 800	40 929	31 184	571	317 116

▼图表 8-51　梁溪惠山动力股份有限公司费用报销单▼

梁溪惠山动力股份有限公司费用报销单

<table>
<tr><td colspan="4">购物（或业务往来）日期：2020 年 12 月 23 日</td><td colspan="4">背面附原始凭证 2 张</td></tr>
<tr><td colspan="3">内　　容</td><td colspan="2">发 票 号</td><td>单 价</td><td>数 量</td><td>金 额</td></tr>
<tr><td>1</td><td colspan="2">2020 年报刊订阅费</td><td colspan="2">0033020</td><td></td><td></td><td>885.00</td></tr>
<tr><td>2</td><td colspan="2"></td><td colspan="2"></td><td></td><td></td><td></td></tr>
<tr><td colspan="8">备注：</td></tr>
<tr><td colspan="8">实报金额（大写）人民币捌佰捌拾伍元整　　¥885.00</td></tr>
<tr><td>领导审批</td><td>韦洪斌</td><td>财务经理</td><td>刘萍</td><td>部门经理</td><td>尤刚</td><td>报销人</td><td>张敏</td></tr>
</table>

报销日期：2020 年 12 月 23 日

▼图表 8-52 中国邮政报刊费收据▼

邮发 011　　中国邮政报刊费收据

户　名：梁溪惠山动力股份有限公司　　日期：2020 年度

地　址：梁溪市惠钱路 88 号　　No：0033020

查询号：3202070000040418　　收订局：梁溪市邮政局金杨支局

序号	报刊代号	报刊名称	起止订期	份数	定价	款额	备注
1	1-16	梁溪日报	0101-0630	1	24.00	288.00	
2	1-41	人民日报	0101-0630	1	25.00	300.00	
3	1-68	梁溪晚报	0101-0630	1	24.75	297.00	
共计款额（大写）捌佰捌拾伍元整					¥885.00		

第二联　发票联

梁溪市邮政局金杨支局 32020785887652M 发票专用章

营业员：曹平　　章戳：　　2020 年 12 月 23 日

▼图表 8-53 中国工商银行单位客户专用回单▼

ICBC 中国工商银行单位客户专用回单　　No 598

币别：人民币　　2020 年 12 月 23 日　　流水号：2765448736727867432

付款人	全称	梁溪惠山动力股份有限公司	收款人	全称	梁溪市邮政局金杨支局
	账号	428108675009222521		账号	32323209977700342
	开户行	中国工商银行梁溪惠山支行		开户行	中国交通银行梁溪通扬支行
金额	人民币（大写）捌佰捌拾伍元整				千 百 十 万 千 百 十 元 角 分 ¥ 8 8 5 0 0
凭证种类	电子转账凭证		凭证号码	46653746818	
结算方式	转账		用　途	报刊订阅费	

打印柜员：320654202

打印机构：中国工商银行梁溪惠山支行

打印卡号：432000000012765

中国工商银行梁溪惠山支行 电子回单专用章

（借方凭证）（付款人回单）

打印时间：2020-12-23　　交易柜员：　　交易机构：32176813

▼图表 8-54　梁溪惠山动力股份有限公司出差费用报销单▼

梁溪惠山动力股份有限公司出差费用报销单

出差事由	洽谈业务					填报日期：2020 年 12 月 24 日					附单据		3 张	
月/日	起止时间	起讫地点	车船费		途中补贴	住勤补贴		误餐补贴			旅馆费	市内交通费	行李搬运费	其他
			车次	金额	金额	天数	金额	中	晚	金额				
12/18	午 时 分 午 时 分	梁溪至彭城												
12/24	午 时 分 午 时 分 午 时 分	彭城至梁溪												
支 出 小 计														
预支金额		应付（退）金额			支出金额（大写）			人民币						
领导审核	韦洪斌		报销人签章		张平			说明						

注：住勤补贴每天 **200** 元，计 **7** 天（无其他费用）。

▼图表 8-55　火车票▼

A059539　梁溪 售

梁溪 T114次 彭城

Liangxi　Pengcheng

2020年12月18日 15:00开　08车08D号

159.00元　二等座

限乘当日当次车

3703061973****0016　检票口1

17786000030624 A059539

▼图表 8-56　火车票▼

A069549　杭州 售

彭城 T111次 梁溪

Pengcheng　Liangxi

2020年12月24日 16:00开　06车02D号

159.00元　二等座

限乘当日当次车

3703061973****0016　检票口2

17786000030624 A069549

▼图表 8-57　江苏省增值税专用发票▼

江苏省增值税专用发票　　　　No 03287212

发　票　联

开票日期：2020 年 12 月 24 日

购买方	名　　称：梁溪惠山动力股份有限公司 纳税人识别号：30706876596362G 地址、电话：梁溪市惠钱路 88 号　88254598 开户行及账号：中国工商银行梁溪惠山支行　42810867500922252l					密码区		
货物或应税劳务名称	规格型号	单位	数量	单价	金额	税率	税额	
*住宿服务*住宿费		间	6		1 981.13	6%	118.87	
合计					¥1 981.13		¥118.87	
价税合计（大写）	⊗贰仟壹佰元整　　（小写）¥2 100.00							
销售方	名　　称：彭城华邑酒店有限公司 纳税人识别号：91220205434287C 地址、电话：向阳路 66 号　65433999 开户行及账号：中国工商银行南通向阳支行 640008675466338439					备注	彭城华邑酒店有限公司 91220205434287C 发票专用章	

收款人：　　　　复核人：　　　　开票人：李芳　　　　销售方：（章）

第三联：发票联　购买方记账凭证

▼图表 8-58　中国工商银行托收凭证（受理回单）▼

ICBC 中国工商银行　托收凭证　（受理回单）　　1

委托日期 2020 年 12 月 24 日　　　　第　　号

业务类型	委托收款（□邮划、☑电划）　托收承付（□邮划、□电划）						
收款人	全称	梁溪惠山动力有限公司		付款人	全称	苏州虎丘文具有限公司	
	账号	42810867500922252l			账号	4256464117767772	
	地址	江苏省梁溪市	开户行：中国工商银行梁溪惠山支行		地址	江苏省苏州市	开户行：中国银行苏州虎丘支行
金额	人民币（大写）陆万元整					¥6 000 000（千百十万千百十元角分：¥ 6 0 0 0 0 0 0）	
款项内容	货款	托收凭据名称	银行承兑汇票	附寄单证张数	1		
商品发运情况				合同名称号码			
备注 复核　记账	款项收妥日期 年　月　日			收款人开户银行签章 中国工商银行梁溪惠山支行 2035079027822 业务专用章			

此联是收款人开户银行给收款人的受理回单

▼图表 8-59　借款借据（入账通知）▼

借款借据（入账通知）　　壹

单位编号：890　　借款日期：2020 年 12 月 24 日　　借据编号：0589

收款单位	名称	梁溪惠山动力股份有限公司	借款单位	名称	梁溪惠山动力股份有限公司
	往来户账号	428108675009222521		放款户账号	546400400088375955
	开户银行	中国工商银行梁溪惠山支行		开户银行	中国工商银行梁溪惠山支行

借款金额		百	十	万	千	百	十	元	角	分
	叁拾捌万元整	¥	3	8	0	0	0	0	0	0

借款原因及用途	材料到货（临时借款）	借款计划指标	

借款期限			
期次	计划还款日期	√	计划还款金额
1	2021.3.24		380 000.00
2			
3			

备注：

你单位上列借款，已转入你单位结算户内。借款到期时由我行按期自你单位结算户转还。

此致

借款单位

（银行盖章）

中国工商银行
梁溪惠山支行
2020.12.23
办讫章
（02）

此联由银行退借款单位作为入账通知

▼图表 8-60　江苏省增值税专用发票▼

江苏省增值税专用发票　　No 08724193

国家税务总局

此联不作报销、扣款使用　　开票日期：2020 年 12 月 25 日

购买方	名　　称：沈阳铁路工务段 纳税人识别号：345230078922110Q 地址、电话：沈阳市大同路 66 号　93451230 开户行及账号：中国工商银行沈阳铁路支行　976864500657215245	密码区

货物或应税劳务名称	规格型号	单位	数量	单价	金额	税率	税额
*商品*发电机组		台	2	15 000.00	300 00.00	13%	3 900.00
合计					30 000.00		3 900.00
价税合计（大写）	⊗叁万叁仟玖佰元整				（小写）¥33 900.00		

销售方	名　　称：梁溪惠山动力股份有限公司 纳税人识别号：30706876596362G 地址、电话：梁溪市惠钱路 88 号　88254598 开户行及账号：中国工商银行梁溪惠山支行　428108675009222521	备注

收款人：　　复核人：　　开票人：李华　　销售方：（章）

第一联：记账联　销售方记账凭证

▼图表 8-61　中国工商银行银行汇票▼

付款期限 壹 个 月	中国工商银行 银 行 汇 票　2	XI00526377 第　　号

出票日期（大写）：贰零贰零年壹拾贰月壹拾捌日

代理付款行：中国工商银行梁溪惠山支行　行号：430

收款人：梁溪惠山动力股份有限公司		账号：428108675009222521										
出票金额	人民币（大写）叁万陆仟元整											
实际结算金额	人民币（大写）		千	百	十	万	千	百	十	元	角	分

申请人：沈阳铁路工务段　账号或住址：134500009

出票行：中国工商银行沈阳铁路支行

备　注：购货款

凭票付款

出票行签章

中国工商银行沈阳城中支行 2035079027822 汇票专用章

多余金额									
千	百	十	万	千	百	十	元	角	分

科目（借）________

对方科目（贷）________

兑付日期：2020 年 12 月 18 日

复核　　记账

▼图表 8-62　中国工商银行银行汇票（解讫通知）▼

付款期限 壹 个 月	中国工商银行 银 行 汇 票（解讫通知）　3	XI00526377 第　　号

出票日期（大写）：贰零贰零年壹拾贰月壹拾捌日

代理付款行：中国工商银行梁溪惠山支行　行号：430

收款人：梁溪惠山动力股份有限公司		账号：428108675009222521										
出票金额	人民币（大写）叁万陆仟元整											
实际结算金额	人民币（大写）		千	百	十	万	千	百	十	元	角	分

申请人：沈阳铁路工务段　账号或住址：134500009

出票行：中国工商银行沈阳铁路支行

备　注：购货款

代理付款行盖章

复核　　经办

中国工商银行沈阳城中支行 2035079027822 汇票专用章

多余金额									
千	百	十	万	千	百	十	元	角	分

科目（贷）________

对方科目（借）________

转账日期：2020 年 12 月 18 日

复核　　记账

▼图表 8-63　中国工商银行进账单（收账通知）▼

中国工商银行进账单（收账通知）　　3

年　月　日

出票人	全　称		收款人	全　称										
	账　号			账　号										
	开户银行			开户银行										
人民币（大写）					千	百	十	万	千	百	十	元	角	分
票据种类		票据张数												
票据号码														
复核　　记账				收款人银行签章										

此联是开户银行交给收款人的收账通知

▼图表 8-64　中国工商银行现金支票（苏）▼

中国工商银行
转账支票存根（苏）
Ⅵ1007366347
附加信息
出票日期：　年　月　日
收款人：
金额：
用途：
单位主管　　会计

本支票付款期限十天

中国工商银行　　现金支票（苏）　　Ⅵ1007366347
出票日期（大写）　　年　　月　　日　付款行名称：
收款人：　　出票人账号：

人民币（大写）	百	十	万	千	百	十	元	角	分

用途
上列款项请从
我账户内支付
出票人签章　　复核　　记账

▼图表 8-65　梁溪惠山动力股份有限公司费用报销单▼

梁溪惠山动力股份有限公司费用报销单

购物（或业务往来）日期：2020 年 12 月 25 日			背面附原始凭证 2 张		
内　容		发 票 号	单 价	数 量	金 额
1	零部件	07335612			43 200.00
2	增值税				5 616.00
3					
实报金额（大写）人民币肆万捌仟捌佰壹拾陆元整		¥48 816.00			

领导审批	韦洪斌	财务经理	刘萍	部门经理	方超	报销人	吴君

报销日期：2020 年 12 月 25 日

▼图表 8-66　江苏省增值税专用发票▼

江苏省增值税专用发票　　　　No 07335612

国家税务总局 发 票 联　　　　开票日期：2020 年 12 月 25 日

购买方	名　　称：梁溪惠山动力股份有限公司 纳税人识别号：30706876596362G 地址、电话：梁溪市惠钱路 88 号　88254598 开户行及账号：中国工商银行梁溪惠山支行　42810867500922252l				密码区		
货物或应税劳务名称	规格型号	单位	数量	单价	金额	税率	税额
*金属制品*零部件		把	120	360.00	43 200.00	13%	5 616.00
合计					¥43 200.00		¥5 616.00
价税合计（大写）	⊗肆万捌仟捌佰壹拾陆元整				（小写）¥48 816.00		
销售方	名　　称：南京市曙光工具有限公司 纳税人识别号：43030269763625A 地址、电话：长安街 114 号　57348233 开户行及账号：中国农业银行南京新疆路支行　436799886753515486				备注	南京市曙光工具有限公司 43030269763625A 发票专用章	

收款人：　　　复核人：　　　开票人：华星　　　销售方：（章）

第三联：发票联　购买方记账凭证

▼图表 8-67　梁溪惠山动力有限公司收料单▼

梁溪惠山动力有限公司收料单

2020 年 12 月 25 日　　　　第 1005 号

供货单位：南京市曙光工具有限公司

发票号码：07335612　　　　材料大类：原材料　　　　金额单位：元

材料编号	名称	规格	单位	数　量		实际价格			计划价格	
				发票	实收	单价	金额	其中：运杂费	单价	金额
	零部件		把	120	120	360.00	43 200.00			

制单：王新　　　验收：黄玲　　　主管：张杰　　　记账：

第一联：连同发票凭证付款

▼图表 8-68 梁溪惠山动力有限公司费用报销单▼

梁溪惠山动力有限公司费用报销单

购物（或业务往来）日期：2020 年 12 月 26 日					背面附原始凭证 1 张
	内 容	发 票 号	单 价	数 量	金 额
1	业务招待费	05523456			2 500.00
2					
备注：					
实报金额（大写）贰仟伍佰元整		¥2 500.00			

现金付讫

领导审批	韦洪斌	财务经理	刘萍	部门经理	方超	报销人	吴君

报销日期：2020 年 12 月 26 日

▼图表 8-69 江苏省增值税普通发票▼

江苏省增值税普通发票

No 04787265

全国统一发票监制章 国家税务总局

发 票 联

开票日期：2020 年 12 月 26 日

购买方	名　　称：梁溪惠山动力有限公司 纳税人识别号：30706876596362G 地址 、 电话：梁溪市惠钱路 88 号　88254598 开户行及账号：中国工商银行梁溪惠山支行　428108675009222521	密码区	

货物或应税劳务名称	规格型号	单位	数量	单价	金额	税率	税额
*餐饮服务*餐饮费		次	1	2 358.49	2 358.49	6%	141.51
合计					¥2 358.49		¥141.51
价税合计（大写）	⊗贰仟伍佰元整			（小写）¥2 500.00			

销售方	名　　称：梁溪市九龙湾餐饮有限公司 纳税人识别号：6922020083593464q 地址 、 电话：梁溪市九龙湾 68 号　0510-65325777 开户行及账户：交通银行梁溪新区支行　323232099663338	备注	梁溪市九龙湾餐饮有限公司 6922020083593464q 发票专用章

第二联：发票联 购买方记账凭证

收款人：　　复核人：　　开票人：曹锋　　销售方：（章）

▼图表 8-70 梁溪惠山动力股份有限公司费用报销单▼

梁溪惠山动力股份有限公司费用报销单

购物（或业务往来）日期：2020 年 12 月 27 日					背面附原始凭证 1 张		
内　容			发 票 号	单 价	数 量	金 额	
1	运输费					9 810.00	
2							
备注：本月销售产品运输费							
实报金额（大写）玖仟捌佰壹拾元整			¥9 810.00				
领导审批	韦洪斌	财务经理	刘萍	部门经理	方超	报销人	吴君

报销日期：2020 年 12 月 27 日

▼图表 8-71 中国工商银行业务回单（付款）▼

ICBC 中国工商银行　　凭证

日期　2020 年 12 月 27 日　　业务回单　（付款）

回单编号：18062000972

付款人户名：梁溪惠山动力股份有限公司　　付款人开户行：中国工商银行梁溪惠山支行

付款人账号：428108675009222521

收款人账号：323232099998666　　收款人开户行：交通银行梁溪江海支行

金额：玖仟捌佰壹拾元整　　小写：9 810.00 元

业务（产品）种类　　凭证种类：00000000　　凭证号码：000000000000000000

摘要：运输费　　用途：　　币种：人民币

交易机构：0110300421　　记账柜员：00018　　交易代码：45296　　渠道：网上银行

附言：

支付交易序号：61157924　　报文种类：大客户发起汇兑业务　　委托日期：2020 年 12 月 27 日

业务类型：普通汇兑　　指令编号：H2P14180654　　提交人：王丽

本回单为第一次打印，注意重复　　打印日期：2020 年 12 月 27 日　　打印柜员：8　　验证码：0ABE6CA7786

中国工商银行梁溪惠山支行 自助回单机专用章 (003)

▼图表 8-72 江苏省增值税专用发票▼

江苏省增值税专用发票　　No 05787234

发 票 联　　开票日期：2020 年 12 月 27 日

购买方	名 称：梁溪惠山动力股份有限公司 纳税人识别号：3070687659362G 地址、电话：梁溪市惠钱路 88 号 88254598 开户行及账号：中国工商银行梁溪惠山支行 428108675009222521				密码区		
货物或应税劳务名称	规格型号	单位	数量	单价	金额	税率	税额
*运输服务*运输费		次	1	9 000	9 000.00	9%	810.00
合计					¥9 000.00		¥810.00
价税合计（大写）	⊗玖仟捌佰壹拾元整			（小写）¥9 810.00			
销售方	名 称：梁溪市亿佳汇物流有限公司 纳税人识别号：91320200835996666K 地址、电话：梁溪市江海西路 666 号 65322666 开户行及账号：交通银行梁溪江海支行 323232099998666				备注		

收款人：　　复核人：　　开票人：王维　　销售方：（章）

第三联：发票联 购买方记账凭证

▼图表 8-73 中国工商银行托收凭证（收款通知）▼

ICBC 中国工商银行 托收凭证 （收款通知） 4

委托日期 2020 年 12 月 27 日　　付款期限 2020 年 12 月 27 日

业务类型	委托收款（☐邮划、☑电划）　托收承付（☐邮划、☐电划）							
收款人	全 称	梁溪惠山动力股份有限公司		付款人	全 称	苏州虎丘文具有限公司		
	账 号	428108675009222521			账 号	4256464117767772		
	地 址	江苏省梁溪市	开户行：中国工商银行梁溪惠山支行		地 址	江苏省苏州市	开户行：中国银行苏州虎丘支行	
金 额	人民币（大写）陆万元整							
款项内容	货款	托收凭据名称	银行承兑汇票	附寄单证张数	1			
商品发运情况				合同名称号码				
备注 复核 经办	上列款项已划回收入你方账户。 收款人开户行签章。 2020 年 12 月 27 日			复核 记账				

千	百	十	万	千	百	十	元	角	分
		¥	6	0	0	0	0	0	0

此联是收款人开户银行作收款通知

▼图表 8-74　中国工商银行银行汇票（多余款收款通知）▼

付款期限 壹 个 月	中国工商银行 银 行 汇 票（多余款收款通知）　4	XI00448988 第　　号
出票日期（大写）：贰零贰零年壹拾贰月零柒日		代理付款行：中国农业银行文行西藏路支行 行　号：43066005
收款人：南京曙光机电有限公司		账　号：365891222365008956
出票金额	人民币（大写）伍万元整	
实际结算金额	人民币（大写）肆万捌仟捌佰壹拾陆元整	千 百 十 万 千 百 十 元 角 分 ¥ 4 8 8 1 6 0 0

申请人：梁溪惠山动力股份有限公司　　账号或住址：428108675009222521

出票行：中国工商银行梁溪惠山支行

备　注：货款

	多余金额	
出票行签章	千 百 十 万 千 百 十 元 角 分 ¥ 1 1 8 4 0 0	复核　　记账

（印章：中国工商银行梁溪惠山支行 503507902784 汇票专用章）

复核　　经办

▼图表 8-75　梁溪惠山动力股份有限公司费用报销单▼

梁溪惠山动力股份有限公司费用报销单

购物（或业务往来）日期：2020 年 12 月 25 日				背面附原始凭证 1 张	
	内　容	发 票 号	单 价	数 量	金 额
1	轴承货款		500.00	100	50 000.00
2	增值税				6 500.00
3					
备注：					
实报金额（大写）人民币伍万陆仟伍佰元整		¥56 500.00			

领导审批	韦洪斌	财务经理	刘萍	部门经理	方超	报销人	吴君

报销日期：2020 年 12 月 23 日

▼图表 8-76　江苏省增值税专用发票▼

江苏省增值税专用发票　　　　No 00176044

发　票　联　　　　开票日期：2020 年 12 月 25 日

购买方	名　　称：梁溪惠山动力股份有限公司 纳税人识别号：30706876596362G 地址、电话：梁溪市惠钱路 88 号　88254598 开户行及账号：中国工商银行梁溪惠山支行　428108675009222521				密码区		
货物或应税劳务名称	规格型号	单位	数量	单价	金额	税率	税额
*金属制品*轴承		只	100	500.00	50 000.00	13%	6 500.00
合计					¥50 000.00		¥6 500
价税合计（大写）	⊗伍万陆仟伍佰元整				（小写）¥56 500.00		
销售方	名　　称：苏州东方机电有限公司 纳税人识别号：32040567893422P 地址、电话：苏州市虎丘路 88 号　59682111 开户行及账号：中国农业银行支行虎丘路支行　404315363500053211				备注	苏州东方机电有限公司 32040567893422P 发票专用章	

第三联：发票联　购买方记账凭证

收款人：　　复核人：　　开票人：杨华　　销售方：（章）

▼图表 8-77　梁溪惠山动力有限公司收料单▼

梁溪惠山动力有限公司收料单

2020 年 12 月 23 日　　　　第 1010 号

供货单位：苏州东方机电有限公司

发票号码：00176044　　　材料大类：原材料　　　金额单位：元

材料编号	名称	规格	单位	数量		实际价格			计划价格	
				发票	实收	单价	金额	其中：运杂费	单价	金额
	轴承		只	100	100	500.00	50 000.00			

第一联：连同发票凭证付款

制单：王新　　验收：黄玲　　主管：张杰　　记账：

▼图表 8-78 中国工商银行现金支票（苏）▼

中国工商银行 转账支票存根（苏） Ⅵ1007366348 附加信息 ______ ______ 出票日期： 年 月 日 收款人： 金额： 用途： 单位主管 会计	本支票付款期限十天	中国工商银行 现金支票（苏） Ⅵ1007366348 出票日期（大写） 年 月 日 付款行名称： 收款人： 出票人账号： 人民币（大写） 百 十 万 千 百 十 元 角 分 用途______ 上列款项请从 我账户内支付 出票人签章 复核 记账

▼图表 8-79 梁溪惠山动力股份有限公司费用报销单▼

梁溪惠山动力股份有限公司费用报销单

购物（或业务往来）日期：2020 年 12 月 30 日					背面附原始凭证 1 张
	内 容	发 票 号	单 价	数 量	金 额
1	支付抚恤金、丧葬费				4 500.00
2					
3					
备注：					
实报金额（大写）人民币肆仟伍佰元整		¥4 500.00			

现金付讫

审批	韦洪斌	稽核	郭建生	验收	许晴	经手人	王风

报销日期：2020 年 12 月 30 日

▼图表 8-80 抚恤金、丧葬费发放清单▼

抚恤金、丧葬费 发放清单

第 1 页共 1 页

姓 名	摘 要	金 额	签 名	备 注
范英	抚恤金、丧葬费	4 500.00	范英	
合计金额（大写）	人民币肆仟伍佰元整	¥4 500.00		

现金付讫

制表人 许晴 稽核 郭建生 批准人 韦洪斌

2020 年 12 月 30 日

▼图表 8-81　中国工商银行支付系统专用凭证 N0D▼

中国工商银行支付系统专用凭证 **N0D**　000016377353

报文种类：CMT100　交易种类：IMPS　贷记　业务种类：11　支付交易序号：00005705
发起行行号：308290003239　汇款人开户行行号：308290003239　委托日期：20201229
发起行名称：中国农业银行支行虎丘路支行
汇款人账号：404315363500053211
汇款人名称：苏州东方机电有限公司
汇款人地址：苏州市虎丘路 88 号
接收行行号：313302087012　收款人开户行行号：313302087012　收报日期：20201230
收款人账号：428108675009222521
收款人名称：梁溪惠山动力股份有限公司
收款人地址：梁溪市惠钱路 88 号
货币符号、金额：RMB 3 500.00
附言：退余款
会计分录　借：10201　贷：21001　交易所 2871　（直接入账）
流水号：　打印时间：2020-12-30　13:25:28
第 1 次打印 1　入账账号：428108675009222521
入账账号名称：梁溪惠山动力股份有限公司

中国工商银行
梁溪惠山支行
2020.12.30
办讫章
（02）

▼图表 8-82　梁溪惠山动力股份有限公司费用报销单▼

梁溪惠山动力股份有限公司费用报销单

购物（或业务往来）日期：2020 年 12 月 30 日					背面附原始凭证 1 张		
内　容		发 票 号	单 价	数 量	金 额		
1	支付广告费				25 000		
2							
3							
备注：							
实报金额（大写）人民币贰万伍仟元整			¥25 000.00				
审批	韦洪斌	稽核	郭建生	验收	龚峰	经手人	陈刚

报销日期：2020 年 12 月 30 日

▼图表 8-83　江苏省增值税专用发票▼

江苏省增值税专用发票　　　No 04787432

国家税务总局监制

发票联

开票日期：2020 年 12 月 30 日

购买方	名　　称：梁溪惠山动力股份有限公司 纳税人识别号：307068765963626 地址、电话：梁溪市惠钱路 88 号　88254598 开户行及账号：中国工商银行梁溪惠山支行　428108675009222521	密码区	

货物或应税劳务名称	规格型号	单位	数量	单价	金额	税率	税额
*现代服务*广告制作费		张	25 000	1	23 584.91	6%	1415.09
合计					¥23 584.91		¥1 415.09
价税合计（大写）	⊗贰万伍仟元整			（小写）¥25 000.00			

销售方	名　　称：梁溪新媒体广告有限公司 纳税人识别号：923202008359346644W 地址、电话：梁溪市文良路 108 号　0510-53694222 开户行及账户：中国农业银行梁溪新桥支行 3232320996662421	备注	梁溪新媒体广告有限公司 923020083593464 4W 发票专用章

第三联：发票联　购买方记账凭证

收款人：　　复核人：　　开票人：杨建　　销售方：（章）

▼图表 8-84　中国工商银行业务回单（付款）▼

ICBC 中国工商银行　　　凭证

日期　2020 年 12 月 30 日　　　业务回单（付款）

回单编号：18062020994

付款人户名：梁溪惠山动力股份有限公司　　付款人开户行：中国工商银行梁溪惠山支行

付款人账号：428108675009222521

收款人账号：3232320996662421　　收款人开户行：中国农业银行梁溪新桥支行

金额：贰万伍仟元整　　小写：25 000.00 元

业务（产品）种类　　凭证种类：00000000　　凭证号码：0000000000000000000

摘要：广告费　　用途：　　币种：人民币

交易机构：0110300421　　记账柜员：00023　　交易代码：45296　　渠道：网上银行

附言：

支付交易序号：61157924　　报文种类：大客户发起汇兑业务　　委托日期：2020 年 12 月 30 日

业务类型：普通汇兑　　指令编号：H2P14180654　　提交人：王丽

本回单为第一次打印，注意重复　　打印日期：2020 年 12 月 30 日　　打印柜员：8　　验证码：0ABE6CA7786

中国工商银行梁溪惠山支行　电子回单专用章　(003)

▼图表 8-85　利息收入传票▼

中国工商银行已入账利息传票

2020 年 12 月 31 日

付款账号	账　号	8156088	收款账号	账　号	428108675009222521
	户　名			户　名	梁溪惠山动力股份有限公司
	开户银行	中国工商银行梁溪惠山支行		开户银行	中国工商银行梁溪惠山支行
金 额（大写）	人民币壹仟肆佰伍拾元整		金额	¥1 450.00	
（银行盖章）			科目		
			对方科目		
			复核	记账	

中国工商银行
梁溪惠山支行
2020.12.31
办讫章
（02）

▼图表 8-86　江苏省增值税专用发票▼

江苏省增值税专用发票

No 00056289

国家税务总局

此联不作报销、扣款使用　　开票日期：2020 年 12 月 30 日

购买方	名　　称：梁溪市江海贸易有限公司 纳税人识别号：32020475892133E 地址、电话：梁溪市旺庄路 106 号　2106896 开户行及账号：中国工商银行梁溪旺庄路支行　2043153445000563228			密码区			
货物或应税劳务名称	规格型号	单位	数量	单价	金额	税率	税额
金属制品		台	3	15 000	45 000	13%	5 850.00
合计					¥45 000		¥5 850.00
价税合计（大写）	⊗伍万零捌佰伍拾元整				（小写）¥50 850.00		
销售方	名　　称：梁溪惠山动力股份有限公司 纳税人识别号：30706876596362G 地址、电话：梁溪市惠钱路 88 号　88254598 开户行及账号：中国工商银行梁溪惠山支行　428108675009222521			备注	12 月 4 日预收款		

第一联：记账联　销售方记账凭证

收款人：　　复核人：朱敏　　开票人：李华　　销售方：（章）

▼图表 8-87 梁溪惠山动力股份有限公司费用报销单▼

梁溪惠山动力股份有限公司费用报销单

购物（或业务往来）日期：2020 年 12 月 31 日				背面附原始凭证 1 张	
	内容	发票号	单价	数量	金额
1	支付小车修理费				13 000.00
2					
备注：					
实报金额（大写）人民币壹万叁仟元整			¥13 000.00		

审批	韦洪斌	稽核	郭建生	验收	张春江	经手人	丁烨

报销日期：2020 年 12 月 31 日

▼图表 8-88 江苏省增值税专用发票▼

江苏省增值税专用发票

No 04787997

国家税务总局 发票联

开票日期：2020 年 12 月 31 日

购买方	名称：梁溪惠山动力股份有限公司 纳税人识别号：307068765963629 地址、电话：梁溪市惠钱路 88 号 88254598 开户行及账号：中国工商银行梁溪惠山支行 428108675009222521	密码区	

货物或应税劳务名称	规格型号	单位	数量	单价	金额	税率	税额
*现代服务*修理费					11 504.42	13%	1 495.58
合计					¥11 504.42		¥1 495.58
价税合计（大写）	⊗壹万叁仟元整			（小写）¥13 000.00			

销售方	名称：梁溪市新视野汽车修理有限公司 纳税人识别号：31244456307453X 地址、电话：梁溪市文良路 108 号 0510-53694222 开户行及账号：中国农业银行梁溪新桥支行 323232099666242l	备注	梁溪市新视野汽车修理有限公司 31244456307453X 发票专用章

收款人： 复核人： 开票人：宋祖楼 销售方：（章）

第三联：发票联 购买方记账凭证

▼图表 8-89　中国工商银行转账支票（苏）▼

中国工商银行
转账支票存根
Ⅵ10815321
附加信息____________
____
____
出票日期：　年　月　日

收款人：	
金　额：	
用　途：	

单位主管　　会计

中国工商银行　　转账支票（苏）Ⅵ10815321

本支票付款期限十天

出票日期（大写）　　年　　月　　日　付款行名称：
收款人：　　出票人账号：

人民币（大写）	百	十	万	千	百	十	元	角	分

用途____________
上列款项请从
我账户内支付
出票人签章　　　　复核　　　　记账

▼图表 8-90　银行存款余额调节表▼

银行存款余额调节表

开户银行：中国工商银行梁溪惠山支行　账号：428108675009222521　2020 年 11 月 30 日止

金额单位：元

项　目	金　额	项　目	金　额
银行存款日记账余额	789 583.56	银行对账单余额	791 383.56
加：银行已收，企业未收		加：企业已收，银行未收	
减：银行已付，企业未付		减：企业已付，银行未付	
		1. 审计费	1 800.00
调节后的存款余额	789 583.56	调节后的存款余额	789 583.56

▼图表 8-91　中国银行对账单▼

中国工商银行 梁溪惠山支行 会计业务章

中国工商银行对账单

单位名称：梁溪惠山动力股份有限公司　账号：428108675009222521　2020 年 12 月 31 日止

金额单位：元

2020 年		摘　要	借　方	贷　方	结余金额
月	日				
12	1	承前页			791 383.56
	1	审计费	1 800.00		789 583.56
	2	提现	8000.00		781 583.56
	2	货款		2 135.70	783 719.26
	3	货款		233.60	783 952.86
	4	货款		50 850.00	834 802.86
	5	货款	7 571.00		827 231.86
	6	货款	60 000.00		767 231.86
	10	货款	2 034.00		765 197.86
	11	增值税	12 838.57		752 359.29
	11	城建税等	1 540.63		750 818.66
	12	运费	2 500.00		748 318.66
	13	货款		42 050.00	790 368.66
	16	汇票款	50 000.00		740 368.66
	16	货款		18 080.00	758 448.66
	17	所得税	7 150.98		751 297.68
	20	水费	3 520.00		747 777.68
	23	工资	317 116.00		430 661.68
	23	报刊费	885.00		429 776.68
	24	借款		380 000.00	809 776.68
	25	货款		33 900.00	843 676.68
	27	提现	3 000		840 676.68
	27	运输费	9 810.00		830 866.68
	27	货款		60 000.00	890 866.68
	30	划款		1 184.00	892 050.68
	30	提现	4 500.00		887 550.68
	30	划款		3 500.00	891 050.68
	30	广告费	25 000.00		866 050.68
	31	利息		1 450.00	867 500.68

▼图表 8-92　银行存款余额调节表▼

银行存款余额调节表

开户银行：　　　　账号：　　　　2020 年　　月　　日止　　　　金额单位：元

摘 要	入账日期 凭证号	金 额	摘 要	入账日期 凭证号	金 额
银行存款日记账余额			银行对账单余额		
加：银行已收，企业未收			加：企业已收，银行未收		
1			1		
2			2		
3			3		
4			4		
减：银行已付，企业未付			减：企业已付，银行未付		
1			1		
2			2		
3			3		
4			4		
调节后的余额			调节后的余额		

▼图表 8-93　资金报表▼

资金报表

编制单位：　　　　　　　　　　编制期间：　　　　　　　　　　日期：

资金项目 / 收支项目	资金合计	库存现金	银行存款（基本户）	银行存款（其他户）
一、上期结余				略
二、本期收入				
1．经营收入				
2．银行贷款				
3．收取押金				
4．收回借款				
5．预收货款				
6．其他收入				
本期收入合计				
三、本期支出				
1．支付货款				
2．发放工资				
3．偿还贷款				
4．预付货款				
5．缴纳押金				
6．日常费用				
7．固定资产购置				
8．办公用品购置				
9．借出备用金				
10．其他				
本期支出合计				
四、期末资金结余				

复核：　　　　　　　　　　编制：

出纳岗位业务操作视频 1　　出纳岗位业务操作视频 2　　出纳岗位业务操作视频 3　　出纳岗位业务操作视频 4

同学们，经过前面紧张、忙碌的学习，你们掌握了出纳实训的有关知识，学习了高仿真的工作案例，体验了出纳实务的具体操作流程，你们是否已经体会到了作为一名出纳员所要具备的一份细心、一份耐心、一份责任心？俗话说：“台上一分钟，台下十年功。”希望你们能在平时养成严谨、细致的工作作风，勤学真本领，苦练基本功，早日由莘莘学子转向职场达人，期待你们的精彩表现！